DURCH DEN SPIEGEL
EIN DUNKLES BILD

rororo

Philip Kerr

DURCH DEN SPIEGEL EIN DUNKLES BILD

STORYS

Deutsch von Brigitte Helbling
und Fried Eickhoff

Rowohlt Taschenbuch Verlag

Veröffentlicht im Rowohlt Taschenbuch
Verlag GmbH, Reinbek bei Hamburg,
Januar 2001
Copyright © 2000 by Rowohlt Taschenbuch
Verlag GmbH, Reinbek bei Hamburg
Weitere Copyright-Hinweise am Ende dieses Bandes
Umschlaggestaltung
Barbara Hanke / Cordula Schmidt
(Foto: Mauritio-AGE)
Satz Minion PostScript (PageOne)
Gesamtherstellung Clausen & Bosse, Leck
Printed in Germany
ISBN 3 499 22979 x

Die Schreibweise entspricht den Regeln
der neuen Rechtschreibung.

INHALT

Durch den Spiegel
ein dunkles Bild
7

Mein Edinburgh
50

DURCH DEN SPIEGEL
EIN DUNKLES BILD

Es ist von Salvador Dalí, erklärte Helen ihrem Mann.

Andrew Lockhart verzog das Gesicht. «Das weiß ich selbst», sagte er kühl. «Es ist der Titel, an den ich mich nicht erinnern kann.» Er betrachtete aufs Neue die öde Landschaft mit Ameisen und zerfließenden Uhren, die auf dem glänzenden Einband der Tagungsmappe abgebildet war, und gab ihr diese dann zurück.

«Ich verstehe nicht, wieso sie es ausgewählt haben», sagte Helen, während sie die Mappe öffnete und die darin enthaltenen Papiere durchzusehen begann. «An der Arbeitsweise des menschlichen Geistes ist nichts besonders Surreales. Immerhin – verglichen mit dem Munch stellt es wohl eine Verbesserung dar.»

«Jetzt ist er mir wieder eingefallen», sagte Andrew. «*Die Beständigkeit der Erinnerung*. Ein Bild mit diesem Titel passt sehr gut, finde ich. Ganz besonders für deinen Beitrag. Wie hieß doch gleich das Thema, über das du sprechen willst?» Er machte mit der Hand eine vage suchende Bewegung. «Temporal ... wie war das doch gleich?»

«Temporallappen-Epilepsie.»

«Das hat doch irgendetwas mit Erinnerung zu tun, oder?»

«Ja, schon», murmelte sie, «aber eigentlich geht es mehr um Pseudo-Vorahnungen, déjà vu, diese Art Dinge. Dass das Gedächtnis einem etwas vortäuscht.»

«Also, wie das ist, weiß ich sehr gut», sagte Andrew. «Ich hätte zum Beispiel schwören können, dass es gleich neben dem Hotel hier einen Bahnhof gibt.» Er zuckte die Schultern. «Wenigstens steht die Burg noch dort, wo sie nach meiner Erinnerung stand. Vielleicht statte ich ihr morgen einen Besuch ab.»

Helen blickte von ihren Papieren auf und lächelte ihrem Mann ein wenig neidisch zu. Während sie mit einer Menge Kollegen – Psychiatern wie sie selbst sowie Neurochirurgen – eingesperrt saß, würde er die Möglichkeit haben, Edinburgh zu durchstreifen, ganz wie er Lust hatte.

«Wie lange, hast du gesagt, ist es her, dass du hier warst?», fragte sie.

«Fünfundzwanzig Jahre», antwortete er mit

forciertem Edinburgh-Akzent, den er irgendwann nach seiner Kindheit abgelegt hatte, einer Kindheit, von der Helen nur sehr wenige Einzelheiten kannte, wie ihr bewusst war. Andrew hatte nie viel darüber gesprochen. «Es ist, als ob diese Jahre zu einem anderen Leben gehörten. Wenn sich das nicht so schizophren anhörte, würde ich sagen, dass ich aus zwei verschiedenen Personen bestehe – dem schottischen Jungen und dem englischen Mann.»

«Warum bist du nicht früher hierher zurückgekommen?»

«Die meisten meiner Verwandten waren schon tot, als wir in den Süden zogen», erklärte er. «Für die lange Reise braucht man einen besseren Grund als nur irgendwelche sentimentalen Regungen.»

«Sentimentalität kann dir ja nun wirklich niemand vorwerfen», sagte sie. «Ich hatte ehrlich gesagt schon vergessen, dass Edinburgh deine Heimatstadt ist. Du sprichst nie über deine Zeit hier. Ich glaube, du bist von allen Schotten, die ich kenne, der unschottischste. Du siehst nicht einmal aus wie ein Schotte. Wie alt warst du noch gleich, als ihr von hier weggezogen seid? Zwölf?»

«Ja, das stimmt. Juni 1968. Genau der Tag, an dem Robert Kennedy erschossen wurde. Oder war es Martin Luther King? Jedenfalls ist an dem Tag irgendjemand ermordet worden.»

Das Telefon klingelte, und Andrew griff zum Hörer. Helen blieb neben dem Bett stehen, bis klar war, dass der Anruf für ihn war, und ging dann in das riesige Badezimmer, um ihr Make-up aufzufrischen. Einer der Vorteile, wenn man mit einem erfolgreichen Filmregisseur reiste, war, dass er darauf bestand, in einem erstklassigen Hotel abzusteigen. Sie würde jetzt nicht im *Caledonian* wohnen und schon gar nicht in einer Suite, wenn nicht Andrew alles bezahlte. Es war allerdings keineswegs immer nur angenehm, mit jemandem zusammen zu sein, der so selbstverständlich gewöhnt war, dass alle Menschen genau taten, was er wollte. Hollywood beförderte diese Art des persönlichen Despotismus. Der Regisseur hat immer Recht. Sie hatte im Laufe der Zeit gelernt, vor seinen Furcht erregenden Wutausbrüchen auf der Hut zu sein. Nicht dass er sie je geschlagen oder überhaupt gegen jemanden körperliche Gewalt angewendet hätte. Andrews Gewalttätigkeit war verbaler Natur und reduzierte denjenigen, den es traf, gnadenlos auf die Summe seiner Schwächen. Es konnte jeden treffen. Wie den Mann am Flughafen Turnhouse, der sie informiert hatte, dass ihr

Gepäck in Heathrow zurückgeblieben sei. Andrew hatte ihn unflätig beschimpft, als sei er der letzte Dreck. Doch sie hatte ihn in Verdacht, dass er selbst in solchen Momenten durchaus die Kontrolle über sich hatte, dass er nur seinen Ärger loszuwerden suchte, indem er ihn an irgendjemandem ausließ. Das machte es irgendwie noch schlimmer. Helen fragte sich oft, zu was ihr Mann fähig sein mochte, sollte er einmal wirklich die Beherrschung verlieren. Er knallte den Hörer auf die Gabel, und sie rief: «Wer war das?»

«Die Fluggesellschaft. Sie haben unser Gepäck gefunden. Man bringt es uns her. Die Blödmänner haben die Taschen nach Newcastle geschickt – ausgerechnet.»

Sie kam aus dem Bad und lächelte ihm ermutigend zu, als hoffe sie, ihn mit ihrer guten Laune zu beschämen. «Dann wäre ja alles geklärt», sagte sie in besänftigendem Ton. «Lass uns einfach vergessen, was passiert ist, und versuchen, uns ein paar schöne Tage zu machen, einverstanden?»

Er bemerkte den Blick in ihren Augen und hörte aus ihren Worten den unausgesprochenen Vorwurf heraus. Plötzlich erinnerte er sich wieder des Stroms obszöner Ausdrücke, den er auf dem Flughafen losgelassen hatte, und an ihr Schweigen während der Taxifahrt zum Hotel. Er schlug die Hände vors Gesicht.

«Ich war wohl schrecklich grob?», sagte er.

«Das ist noch milde ausgedrückt», sagte sie, öffnete die Minibar und nahm eine Tüte mit Cashewkernen heraus, obwohl sie wusste, dass er bereits im teuersten der Hotelrestaurants einen Tisch bestellt hatte. Sie wollte wissen, wie tief seine Zerknirschung war.

«Es tut mir Leid», sagte er leise.

«Bei mir brauchst du dich nicht zu entschuldigen», entgegnete sie. «Mich hast du nicht beschimpft. Ich begreife nicht, was manchmal in dich fährt, ich begreife es wirklich nicht.» Doch dann gab sie ihm einen Kuss auf die Wange.

«Du hast sehr viel Geduld mit mir», sagte er.

«Ich bin Psychiaterin, mein Lieber», antwortete sie, entzog sich seiner Umarmung und warf sich eine Hand voll Cashewkerne in den Mund.

Andrew wollte nicht mit ansehen, wie sie sich den Appetit verdarb, und so ging er quer durch den Raum ans Fenster, zog die Netzgardine zur Seite und starrte zum Edinburgh Castle empor. Auf diesem Ausblick hatte er beim Buchen ausdrücklich bestanden. Die Burg kam ihm vor wie ein unordentlicher Haufen grauer Laken, der jeden Moment von seinem mächtigen rautenförmigen Felsenbett herunterzurutschen drohte. Als kleiner Junge war er von einem immer wiederkehrenden Albtraum heimgesucht worden. Darin fand er sich verlassen hoch an dem Felsen wieder, ohne Ausweg nach oben oder unten, an ein Büschel Gras geklammert, bis der Wind ihn wie spielerisch dort herunterriss und er nach einem Angst einflößenden Fall in seinem Bett aufatmend wieder zu sich kam. Wie Andrew wusste, gab es in Edinburgh, das sich im neunzehnten Jahrhundert aufgrund des Torf- und Kohlerauchs aus seinen zahllosen Kaminen den Beinamen «Auld Reekie», Alter Rauchschlot, erworben hatte, der Stadt, in der der Reformator Knox wortgewaltig gegen die Sündhaftigkeit gewettert und die Stevenson zu seinem Roman über eine Persönlichkeitsspaltung inspiriert hatte, unzählige Schrecken erregende Orte: die alte Rose Street mit ihrem geschwärzten Kopfsteinpflaster, den übel riechenden Wirtshäusern und den hinter Granitmauern verborgenen Bordellen, die verwinkelten, früher oftmals als Kloaken dienenden Gassen, die verschwiegenen Höfe und Durchgänge, in denen Burke und Hare ihren Opfern aufgelauert und sie ermordet hatten, um ihre Leichen an die Anatomie zu verkaufen, der gespenstisch wirkende Friedhof von Greyfriars mit seinen verwitterten Grabsteinen und nicht zuletzt die windumtosten Klippen von Salisbury Crags, wo sich, wie es hieß, die Seelen der Verstorbenen, seien sie nun gerechtfertigte Sünder, Erwählte oder Verdammte, verborgen hielten. Selbst die Straßennamen in dem Stadtführer, den er gleich nach seiner Ankunft gekauft und rasch überflogen hatte, schienen von Düsternis erfüllt: Crow Hill, Jawbone Walk, Windy Goule, Gutted Haddie, Blackchapel Road, Clovenstone Gardens, Old Tolbooth Wynd, Succoth Park, Yardheads und Talisman Place. Edinburgh umgab eine Aura von etwas Fernem, nicht Greifbarem, das Unbehagen in ihm weckte. Er war außerstande, einen Grund dafür zu nennen, sondern verspürte nur eine ungewisse Befürchtung, vergleichbar dem bohrenden Zweifel, wenn man sich nicht mehr erinnern kann, ob eine Rechnung noch offen ist oder nicht.

«Wann willst du denn aufbrechen zu diesem Ausflug in die Vergangenheit?», fragte Helen. Sie machte sich insgeheim Sorgen, dass er, wenn sie ihn während des viertägigen Kongresses zu viel allein ließ, anfangen könnte, sich zu langweilen, und wollte ihn ein wenig ermutigen, auf Entdeckungstour zu gehen.

«Morgen kommt ein Journalist vom *Scotsman*. Er will sich beim Frühstück mit mir unterhalten», sagte Andrew. «Anschließend werde ich dann wohl losziehen.»

David Scobie war ein kleiner Mann, der Andrew an einen Terrier erinnerte. Er trug einen billigen Anzug und trat mit der knappen Entschiedenheit eines Menschen auf, der täglich unter dem Druck steht, den Redaktionsschluss einhalten zu müssen. Andrew empfand seine Fragen als aggressiv, bis er sich ins Gedächtnis rief, dass Streitlust und Kampfbereitschaft schon immer Teil des schottischen Nationalcharakters gewesen waren. Das nächste Mal, wenn er bei Helen für einen seiner heftigen Wutausbrüche Abbitte leisten musste, könnte er das als Erklärung vorbringen: seine Erregbarkeit war einer Veranlagung geschuldet, steckte in seinen Genen, und verglichen mit dem frechen kleinen Schmutzfink vom *Scotsman* benahm er selbst sich ja geradezu zahm. Vielleicht hatte es mit der Luft zu tun, mit den kalten Nordostwinden, die vom Meer herüberwehten und bis in die vielen Kirchen drangen, deren Gemeinden einer besonders harschen und unversöhnlichen Spielart des Protestantismus anhingen. Doch möglicherweise war auch der Alkohol schuld, die vielen hochprozentigen Brände oder das Bier, das Ale oder Stout, dessen Geruch fast die gesamte Innenstadt durchdrang. Es lag jedenfalls nicht allein an ihm, dachte Andrew, das wurde ihm allmählich deutlich. Fast sah es so aus, als ob er durch seine späte Heimkehr sehr viel mehr erfahren würde, als er zu Anfang erwartet hatte.

«Letzte Frage», bellte Scobie. «Halten Sie es für möglich, dass Sie mal einen Film in Edinburgh drehen werden?» Er wies mit dem Kopf zu einer Art Teleobjektiv, das Andrew an einer Kette vom Hals hing. «Oder haben Sie schon damit angefangen?»

«Sie meinen deswegen?» Andrew hielt seinen Arri-Motivsucher in die Höhe. «Den habe ich immer bei mir. Ein Regisseur kann sich nicht allein auf seine Augen verlassen. Wenn ich die Dinge ansehe, wirklich ansehe, dann hilft er mir, mich auf das, was ich vor mir habe, zu konzentrieren. Durch den Sucher betrachtet, wird alles zum Bild, und das erleichtert mir später die Erinnerung. Ich habe ein hervorragendes Gedächtnis für Bilder und Filme, das ist für mich als Regisseur natürlich sehr nützlich. Sonst ist mein Gedächtnis allerdings ziemlich katastrophal. Ich dachte, dass es sinnvoll sein könnte, den Sucher dabeizuhaben, wenn ich mir gleich die Stadt ansehe. Vielleicht kommen ja ein paar Erinnerungen hoch.»

Scobie hielt alles, was Andrew sagte, mit rasender Geschwindigkeit auf seinem Block fest. «Wir sehen jetzt durch den Spiegel ein dunkles Bild ...», begann er.

«Von wem stammt das?», wollte Andrew wissen. Er fand, das klang nach einem guten Filmtitel. «Lewis Carroll?»

Scobie lächelte höflich und schüttelte den Kopf. «Neues Testament. 1. Korinther 13.»

Andrew hatte, seit er aus Edinburgh weggezogen war, keine Bibel mehr in der Hand gehabt und auch keinen Gottesdienst besucht. «Und was steht da noch?»

Scobie lehnte sich auf seinem Stuhl zurück und schob das unangerührte Frühstück von sich weg, wie um dem Text Raum zu geben. «Als ich ein Kind war, da redete ich wie ein Kind und dachte wie ein Kind und war klug wie ein Kind; als ich aber ein Mann wurde, tat ich ab, was kindlich war.» Er nickte Andrew zu und setzte dann seinen Vortrag mit noch größerer Bedachtsamkeit und gesteigertem Nachdruck fort wie ein Schüler, der hofft, dass er für das fehlerlose Aufsagen eines Gedichts mit einem Bleistift belohnt wird. «Wir sehen jetzt durch den Spiegel ein dunkles Bild; dann aber von Angesicht zu Angesicht. Jetzt erkenne ich stückweise; dann aber werde ich erkennen, wie ich erkannt bin.»

Andrew lächelte voll Hochachtung. Er bewunderte Menschen, die aus dem Gedächtnis zitieren konnten, auch wenn es nur eine Bibelstelle war.

Scobie stand auf. Er war noch kleiner, als Andrew anfangs wahrgenommen hatte, wohl kaum mehr als ein Meter fünfzig. Mit seinem schwarzen Bart und den groben Gesichtszügen erschien er ihm wie die Verkörperung eines boshaften Zwerges aus einem Gruselmärchen. Scobie straffte die Schultern, knöpfte sein Schuljungen-Jackett zu und streckte Andrew eine überraschend zarte Hand entgegen. «Vielen Dank, dass Sie sich die Zeit genommen haben», sagte er.

Nachdem Scobie sich verabschiedet hatte, ging Andrew noch einmal auf sein Zimmer, holte sich den Stadtführer und verließ das Hotel durch den Vordereingang. Wie ärmlich hier alles wirkt, dachte er. Viele Läden waren mit Brettern vernagelt, die über und über mit Plakaten beklebt waren. Die Fassaden der Häuser waren bräunlich bis schwarz, wie um das Vorurteil vieler Touristen zu bestätigen, dass Edinburgh noch immer eine rußige Stadt sei. Die meisten Männer, denen Andrew begegnete, sahen aus, als könnten sie ein Bad und auch eine Rasur gebrauchen. Die Frauen waren gekleidet, als ob sie eher mit Regen rechneten als mit Aufmerksamkeit, obwohl strahlender Sonnenschein herrschte.

Andrew ging eine Weile Richtung Süden. Sein Weg führte ihn zum Grassmarket, wo wegen der vielen Wirtshäuser ringsum der säuerliche Gestank von abgestandenem Bier noch aufdringlicher war als anderswo in der Stadt. Obwohl es erst Vormittag war und der Himmel leuchtend blau, empfand Andrew die Straßen als dunkel und bedrohlich. Schmale Torwege gingen über in enge Gassen, verwinkelte Straßen und steile Treppen, die eingezwängt zwischen mehrstöckigen Häusern in die Höhe führten, als seien sie geheime Pfade durch eine alte, aus dem Felsen gehauene Terrassenstadt. Man konnte sich nur zu gut vorstellen, wie ein unglücklicher Fußgänger, der bloß eine bequeme Abkürzung hatte nehmen wollen, sich hier unversehens der messerscharfen Klinge eines im Verborgenen lauernden Irren gegenübersah. Andrew beschleunigte seinen Schritt, überquerte eine Brücke und befand sich auf dem Mound, einer abschüssigen Straße, die in einem weiten Bogen zwei von Schottlands bedeutendsten Kunstmuseen umschloss. Allmählich begannen ihm die Füße wehzutun, und so suchte er den gepflegten Park auf, der sich von der Princess Street bis hin zum Fuß des Burgfelsens erstreckte. Er setzte sich auf eine Holzbank, die eine frühere Bewohnerin Edinburghs dem Andenken ihres bedeutenden Gatten gestiftet hatte, und sah mit dem unparteiischen Interesse des professionellen Beobachters dem Streit zweier kleiner Jungen zu. Ihre wüsten wechselseitigen Beschimpfungen und die Heftigkeit, mit der sie aufeinander losgingen, überraschten ihn. Ein Eisenbahner von der nahe gelegenen Waverley Station, der zufällig vorbeikam, trennte schließlich die zwei Kampfhähne, und einer der beiden rannte heulend davon.

Andrew versuchte, sich die Streitereien während seiner eigenen Kindheit wieder ins Gedächtnis zu rufen, und musste verwundert feststellen, dass ihm das nicht gelang. Sollte er wirklich ein so ganz und gar friedfertiges Kind gewesen sein? Ihm wollte einfach kein Widersacher einfallen. Dagegen erinnerte er sich plötzlich wieder an seinen besten Freund, einen Jungen namens Fergus Gilmore. Nie hatte es einen besseren und treueren Freund gegeben als ihn. Doch eines Tages war Fergus in Newhaven Harbour schwimmen gegangen. Die Strömung hatte ihn aufs offene Meer hinausgezogen, und er war ertrunken. Es lag Jahre zurück, dass er an Fergus gedacht hatte. Er war innerlich noch mit ihm beschäftigt, während er ein Taxi heranwinkte und den Fahrer anwies, der ihn mit unbewegter Miene betrachtete, ihn nach Trinity zu fahren. Der Mann nickte kurz und brauste dann wortlos die Leith Street hinunter.

Den größten Teil seiner Kindheit hatte Andrew mit seinen Eltern in einem jener mehrstöckigen, von zurückhaltender Eleganz geprägten Häuser gelebt, die vor allem von gut situierten Akademikern und freiberuflich Tätigen bewohnt wurden. Sein Vater war ein in Schottland hoch angesehener Architekt gewesen, bis ihn reizvolle und lukrative Aufträge aus dem Süden Großbritanniens bewogen, mit seiner kleinen Familie – sie waren nur zu dritt – nach London zu ziehen. Andrew forderte den Fahrer auf, ihn an der Ferry Road aussteigen zu lassen. Das letzte Stück des Weges die South Trinity Road entlang bis zu dem Haus seiner Kindheit wollte er zu Fuß zurücklegen.

Er ging langsam und versuchte, sich auf Einzelheiten aus jener Zeit zu besinnen. Ab und zu blieb er stehen und blickte durch den Sucher, in der Hoffnung, auf diese Weise seinem Gedächtnis etwas nachzuhelfen. Als er sich schließlich der vertrauten Fassade gegenübersah, war ihm, als betrachte er den Schauplatz einer Filmszene.

In dem Wohnzimmer zu ebener Erde brannte Licht, und einen Moment lang fühlte er sich wieder in seine Kindheit zurückversetzt, seine Eltern waren zu Hause, die Mutter bereitete in der Küche das Mittagessen zu, und er brauchte bloß seinen Schlüssel aus der Hosentasche zu holen, um die schwarze Haustür aufzuschließen. Nur dass seine Eltern längst tot waren. Er legte, wie er es früher oft getan hatte, die Hand gegen die Pforte und stieß sie auf. Am liebsten wäre er weitergegangen, es waren nur ein paar Meter den Weg hoch bis zur Tür, so als ob es nur eine Frage seines Willens wäre, und alles war wieder so wie damals. Ein leichter Wind hatte sich erhoben und bewegte die Zweige des Kirschbaums, den sein Vater an einem Frühjahrstag im Vorgarten gepflanzt hatte, wie um ihn spüren zu lassen, dass jener Tag für immer vergangen war. Unwillkürlich stieß er im Gedanken an diesen vor langer Zeit verschwundenen Jungen einen tiefen Seufzer aus.

Andrew blieb noch einige Minuten stehen, bis ihm einfiel, dass man ihn, wie er da durch den Sucher auf das Haus starrte, womöglich für einen Einbrecher hielt, der sich vorab schon einmal über die Sicherheitsvorkehrungen informieren wollte. Zögernd wandte er sich ab und ging die Straße entlang zurück bis zu dem kleinen Park, in dem er und seine Freunde damals Fußball gespielt hatten.

Der Park war nur knapp hundert Meter lang und ungefähr ein Viertel so breit und von einem eisernen Gitterzaun umgeben. Er hatte gehofft, dass vielleicht ein Fußball- oder Rugbyspiel im Gange wäre, doch er sah nur einen Jungen von zehn oder elf Jahren, der sich darin übte, mit den Füßen einen Ball in der Luft zu halten. Nicht schlecht, das Bürschchen, dachte Andrew und hob den Sucher vors Auge.

Er blickte mit dem Gerät in eine weiße Leere und veränderte behutsam die Scharfeinstellung, indem er den einen Tubus exakt und leicht in dem anderen drehte wie bei einem umgekehrten Teleskop. Dadurch verzögerte sich gleichsam die Bewegung des Lichts in dem Tubus gegenüber der in der umgebenden Luft, der Nebel riss auf, und das Linsensystem des Arri-Suchers projizierte für den Bruchteil einer Sekunde eine vorstädtische Szene von stiller Klarheit auf die Mattscheibe. Doch im nächsten Moment entfuhr ihm ein aus tiefstem Innern aufsteigender Entsetzensschrei. Denn kaum hatte er den Jungen deutlich im Bild, sah er plötzlich, wie dieser von einem unsichtbaren Angreifer mit einer Schaufel hinterrücks einen Schlag über den Kopf erhielt, sodass er augenblicklich zusammenbrach und niederstürzte wie ein Kalb, dem man einen angespitzten Bolzen durch den Schädel geschossen hatte. Im selben Augenblick begriff er, dass das, was er da wahrgenommen hatte, nicht wirklich geschehen war, dass es sich vielmehr um eine Art Sinnestäuschung handelte, und der Schock dieser Erkenntnis ließ ihn erneut aufschreien, womöglich lauter als das erste Mal.

Der Junge ließ den Ball fallen und blickte hinüber zu dem Mann hinter dem Zaun. Er wartete, dass er wiederholen würde, was er da eben gerufen hatte, doch als der Mann schwieg, krümmte er seine Zehen unter der Rundung des Balles und kickte ihn in die Luft, nahm ihn dann mit dem Kopf auf und ließ ihn erst auf das eine, dann auf das andere Knie springen.

Andrew wischte sich den Schweiß von der Stirn. Seine Haut fühlte sich plötzlich feucht und kalt an, und einen Moment lang glaubte er, sich übergeben zu müssen. Er setzte sich auf den Boden, begann tief durchzuatmen und versuchte, was er da eben intuitiv gespürt hatte, beiseite zu schieben und sich das Ganze auf eine Art zu erklären, die für seinen Verstand nachvollziehbar war, obwohl auch eine solche rationale Erklärung noch beunruhigend genug war. Irgendwo hatte er gelesen, dass Halluzinationen mitunter einen Schlaganfall oder Herzinfarkt ankündigen. Andrew presste die Hand gegen sein Brustbein und versuchte seinen Herzschlag zu fühlen.

Der kleine Fußballer hatte ihn aus einiger Entfernung aufmerksam beobachtet. Schließlich gewann seine Neugier die Oberhand, er klemmte sich den Ball unter den Arm, kam zum Zaun und betrachtete Andrew mit vager Besorgnis. «Alles in Ordnung mit Ihnen, Mister?», fragte er in kehligem Englisch.

«Äh ... ja», antwortete Andrew. «Nur ein kurzes Unwohlsein. Ist schon fast wieder vorbei.»

«Sicher? Sie sehen aus wie Scheiße.»

«Es geht mir schon wieder gut, danke», sagte Andrew und erhob sich mühsam. Er war noch etwas wacklig auf den Beinen. Der Junge nickte kurz, spuckte einmal kräftig über seine Schulter und trollte sich, den Ball langsam vor sich herstoßend. Er war ein wenig enttäuscht, beinah wäre er Zeuge geworden, wie ein Mann an einem Herzinfarkt starb. Noch dazu in seiner Straße.

Helen hörte sich Andrews Geschichte nicht nur einmal, sondern gleich zweimal an. Dann ging sie ins Badezimmer, drehte den Hahn auf und ließ kaltes Wasser in ein Glas laufen.

«Ich habe hier etwas, das dir helfen wird, dich zu entspannen», sagte sie, als sie wieder an sein Bett trat.

Er sah ihr zu, wie sie aus einem Plastikfläschchen zwei Kapseln auf ihre Handfläche rollen ließ und sie ihm gab.

«Was ist das?», fragte er, richtete sich im Bett halb auf und warf einen misstrauischen Blick auf die kleinen, mit Plastik überzogenen Torpedos.

«Ein harmloser Tranquilizer.»

Er nickte, schluckte die Kapseln und ließ sich auf das Kissen zurücksinken.

«Also, wenn ich es nicht besser wüsste», sagte er nach einer Weile, «würde ich sagen, ich hatte eine Vorahnung. Ich spürte deutlich, dass ich etwas sah, was erst noch geschehen würde. Natürlich habe ich mir sofort gesagt, dass das nicht sein kann. Ich versuchte mir sogar einzureden, das

Ganze sei der Vorbote eines Herzinfarkts oder Schlaganfalls. Eine solche Erklärung wäre mir immer noch lieber gewesen, als eine Vorahnung zu akzeptieren – diese Möglichkeit wollte und konnte ich einfach nicht in Betracht ziehen. Verstehst du, was ich meine? Du glaubst doch hoffentlich nicht, ich hätte mir das alles nur ausgedacht, Hel? Warum sollte ich?»

«Ich weiß nicht», sagte sie. Es sollte unbefangen klingen. Tatsächlich konnte sie sich ziemlich gut vorstellen, warum er ihr so eine Geschichte auftischte, er wollte damit ihre Aufmerksamkeit auf sich ziehen. Sein Ego war auf Zufuhr von außen angewiesen wie ein neugeborenes Baby auf Muttermilch. Er hielt es nicht aus, nur am Rande wahrgenommen zu werden. Als Regisseur stand er, wenn gedreht wurde, im Mittelpunkt. Doch wenn er nicht arbeitete, vermisste er die gewohnte Beachtung. Dann wurde er sehr schnell schwierig und gereizt wie ein Diktator aus der Dritten Welt, den man gezwungen hat, sein Land zu verlassen, und der jetzt in einer einsamen Villa am Genfer See sitzt und nichts mit sich anzufangen weiß. Dass er auf eine derartig phantastische Geschichte verfallen war, überraschte sie allerdings schon. Doch je länger sie über ihre eigene Erklärung nachdachte, um so plausibler schien sie ihr. Und zweifellos besaß Andrew einen sehr abgründigen Charakter. Doch sie war müde. Es war ein langer Tag gewesen, und sie hatte keine Lust auf eine Auseinandersetzung mit ihm. Sie freute sich auf ein schönes Abendessen und wollte danach früh zu Bett gehen. So sagte sie: «Hör zu, Andrew, ich gehe davon aus, dass du tatsächlich gesehen hast, was du glaubst, gesehen zu haben. Aber dafür kann es eine ganze Reihe vollkommen gewöhnlicher Ursachen geben, das muss nicht gleich bedeuten, dass du an einer psychischen Störung leidest. Ich halte es für sehr gut möglich, dass allein die Tatsache, dass du nach all den Jahren zum ersten Mal wieder in deine alte Heimatstadt zurückgekehrt bist, dich in einen Zustand erhöhter emotionaler Anspannung versetzt hat. Dadurch hast du auf die neuen Eindrücke außergewöhnlich empfindsam reagiert, was wiederum Gefühle von Angst und Bestürzung zur Folge haben kann.»

Andrew nickte befriedigt. Diese Art von kompetent vorgetragener Beruhigung war einer der Vorteile, wenn man mit einer Ärztin verheiratet war.

Helen fuhr mit ihren Erläuterungen fort, und je länger sie sprach, um so einleuchtender erschien ihr die Diagnose. Sie war auf jeden Fall von allen möglichen Erklärungen noch die angenehmste.

«Nach so langer Zeit wieder vor dem Haus deiner Kindheit zu stehen hat wahrscheinlich eine große seelische Erschütterung in dir ausgelöst.» Sie zuckte die Schultern. «Möglicherweise hast du gegenüber dem Jungen im Park Eifersucht oder sogar Feindseligkeit verspürt. Vielleicht hast du dir gewünscht, noch einmal wieder so jung und sorglos zu sein wie er, keine Verpflichtungen zu haben und dich ganz dem Fußballspiel hingeben zu können. Und diese Eifersucht und Feindseligkeit verdichteten sich dann zu deiner Halluzination.»

Andrew lächelte. «Ja», erwiderte er und nahm sie in die Arme. «Das klingt wirklich alles sehr überzeugend.» Er gab ihr einen Kuss auf die Stirn. «Was würde ich ohne dich bloß tun?»

Er wusste, dass es in Anbetracht dessen, was Helen ihm erklärt hatte, ein Fehler war, noch einmal herzukommen. Was, wenn sie nun Recht hatte, fragte er sich. Wenn er dem Jungen gegenüber tatsächlich feindselige Gefühle hegte? Als ihn der Taxifahrer an der South Trinity Road absetzte, hatte er das unbestimmte Gefühl, das Schicksal herauszufordern. Doch der Gedanke, dass er vielleicht wirklich eine Vorahnung gehabt haben könnte, übte einen zu großen Reiz auf ihn aus, als dass er ihn einfach hätte beiseite schieben können, so wie seine Frau das getan hatte. Und schließlich war Helens Denken von der Wissenschaft geprägt, sie war keine Künstlerin. Was wusste sie von Intuition? Im wirklichen Leben gab es jede Menge Dinge, die man nicht erklären konnte, Dinge außerhalb der normalen Erfahrung. Oft lieferten gerade sie die besten Filmvorlagen. Er selbst hatte in seinem Werk dem Bizarren und Makabren immer breiten Raum geboten. Nicht umsonst nannte man ihn den «neuen Hitchcock». Vielleicht forderte er ja tatsächlich das Schicksal heraus, aber war nicht gerade der Vorstoß in Grenzbereiche sein lebenslanges Thema gewesen? Und wer weiß, sagte er sich, vielleicht sprang am Ende sogar ein Drehbuch dabei heraus.

In dem kleinen Park an der Stirling Road war der Junge wieder beim Fußballtraining. Andrew hob den Motivsucher ans Auge und justierte die Schärfe.

Er war dann doch ein wenig erleichtert, als nichts geschah, ließ den Arri wieder sinken und winkte dem Jungen zu.

«Wie oft war das?», rief er.

«Zweiunddreißigmal», antwortete der Junge und bückte sich nach seinem Ball, als ob er befürchtete, dass Andrew ihn ihm wegnehmen könnte.

«Wie heißt du? Vielleicht sehe ich dich ja eines Tages mal irgendwo spielen.»

«Kenny», erwiderte der Junge. Zwar hatte ihm seine Mutter verboten, mit Fremden zu reden, aber er fand, dass er schon ganz gut auf sich selbst aufpassen konnte. «Kenny MacRae», fügte er hinzu.

«Wohnst du hier in der Nähe?»

Der Junge wies mit dem Daumen über die Schulter. «Zetland Place», sagte er, «Nummer zehn.»

«Ich habe mal in der Primrose Bank Road gelebt», sagte Andrew. «Das ist allerdings schon viele Jahre her. Da warst du noch nicht geboren. Als ich so alt war wie du, habe ich auch immer hier im Park Fußball gespielt.»

Der Junge nickte unsicher, er verspürte plötzlich Unbehagen, das Gespräch fortzusetzen.

«Na, dann viel Glück, Kenny», sagte Andrew und ging weiter.

Wieder fand er sich vor ihrem früheren Heim

stehen, wie George Bailey in dem Capra-Film «Das Leben ist wundervoll». Wenn nur auch sein Schutzengel erscheinen und dafür sorgen würde, dass alles wieder so wurde, wie es einmal gewesen war – damals vor fünfundzwanzig Jahren. Das Haus erschien ihm durch den Sucher größer und auch düsterer, als ob sich ein Unwetter zusammenbraute. Während er noch den jagenden Wolken nachsah, die sich in den Fensterscheiben seines alten Schlafzimmers spiegelten, glaubte er plötzlich einen Schrei zu hören. Er wandte sich um und lauschte angestrengt. Was war das eben? Eine Möwe vielleicht? Er hatte ganz vergessen, wie nah das Meer war. Von einem der rückwärtigen Fenster im Obergeschoss konnte man Newhaven Harbour sehen. Der Schrei hatte sich irgendwie mehr nach einem Menschen als nach einem Vogel angehört, dachte er. Eine unheilvolle Ahnung ergriff ihn, und er begann, so schnell er konnte, zu der kleinen Grünanlage zurückzulaufen, getrieben von der Angst, dass dem Jungen etwas zugestoßen war.

Die Bäume in dem verlassen daliegenden Park schienen sich Andrew entgegenzuneigen, ihre Blätter rauschten, wie um ihm in seiner sich steigernden Angst beizustehen. Ihre Äste breiteten sich aus, als wollten sie zeigen, dass sie den Jungen nicht vor ihm verborgen hielten, eine Runde ehrwürdiger alter Zauberer, die ihn zu überzeugen versuchten, dass sie nichts in ihren Händen oder in ihren Ärmeln versteckt hatten. Andrews Augen hatten den Park in Sekunden abgesucht. Er konnte niemanden sehen. Dann blickte er durch den Arri.

Der Körper des Jungen lag zusammengesunken unter einem Gebüsch am anderen Ende des Parks, sein Hinterkopf war mit einer dunkelroten Schicht von Blut und ausgetretener Gehirnmasse bedeckt. Doch als Andrew gleich darauf ein zweites Mal, diesmal mit bloßem Auge, zu der Stelle hinüberschaute, war dort nichts als Buschwerk. Er wich taumelnd zurück, stieß gegen einen geparkten Wagen und fiel auf die Motorhaube. Der Sucher schlug mit hellem, hartem Knall auf das Metall. Anders als zuvor verspürte er jetzt keinerlei körperliche Schwäche. Allmählich gewann er seine Fassung zurück. Aber was konnte er tun? Er wusste mit derselben Bestimmtheit, dass Kenny MacRae Unheil drohte, wie er davon überzeugt war, dass Helen seine Befürchtungen einem Nervenzusammenbruch zuschreiben würde. Er musste den Jungen oder wenigstens seine Eltern unbedingt warnen, aber wie sollte er das anstellen, ohne sie in Angst und Schrecken zu versetzen? Womöglich hielten sie ihn für geisteskrank. Er konnte doch nicht einfach an ihrer Tür klingeln und erklären, dass er eine Vorahnung gehabt habe und alles darauf hindeute, dass irgendjemand ihrem Sohn Kenny mit einer Schaufel den Schädel einschlagen werde. Ich hoffe, ich habe Sie nicht gestört. Einen schönen Tag noch.

Ihm blieb nur ein Weg.

Im Präsidium der Edinburgh City Police in der Fettes Avenue hörte sich Detective Constable Muir Andrews Geschichte mit mehr Geduld und Höflichkeit an, als er sich zugetraut hätte. Man traf in diesem Job eben auf alle möglichen Leute, dachte er. Im Übrigen wirkte Lockhart auch nicht wie einer der üblichen Spinner. Der Mann war gut gekleidet und drückte sich klar aus. Er war offensichtlich intelligent und gebildet. Gleich zu Anfang hatte er sich dafür entschuldigt, die Polizei mit dieser zugegebenermaßen sehr seltsamen Geschichte zu behelligen, hatte aber hinzugefügt, es seien schließlich schon merkwürdigere Dinge passiert. Muir hatte ihm innerlich Recht geben müssen. Er wusste von etlichen Fällen, wo medial veranlagte Menschen oder Hellseher der Polizei wertvolle Hinweise gegeben hatten.

«Haben Sie etwas Derartiges schon früher einmal erlebt?», fragte er.

«Noch nie.» Andrew zuckte mit den Schultern. «Ich habe keine Erklärung dafür. Sonst wäre ich auch kaum herausgekommen, um Ihnen das alles zu erzählen, damit Sie sich lustig über mich machen. Glauben Sie mir, ich kann mir sehr gut vorstellen, was Sie jetzt von mir denken. Und ich kann es Ihnen nicht übel nehmen. Wenn ich an Ihrer Stelle säße, würde ich vermutlich ähnlich reagieren. Aber es war so ein starker Eindruck, verstehen Sie? Ich habe das Gefühl, unbedingt etwas unternehmen zu müssen, und da ich dem Jungen und seinen Eltern nach Möglichkeit Aufregung ersparen will, bin ich eben zu Ihnen gekommen.»

«Sie haben vollkommen richtig gehandelt, Sir», sagte Muir und stand auf. «Wenn Sie mich bitte einen Augenblick entschuldigen wollen, ich werde einen Wagen vorbeischicken und nachsehen lassen, ob es dem Jungen gut geht. Ich hoffe, das hilft Ihnen, Ihre Ruhe wieder zu finden.»

«Vielen Dank», erwiderte Andrew. «Ich weiß Ihr Verständnis zu schätzen.»

Muir verließ den Raum und ging den Korridor hinunter zur Funkzentrale.

«Befinden sich zur Zeit irgendwelche Fahrzeuge

in der Nähe der Ferry Road, Sarge?», fragte er den uniformierten Beamten, der, ein Mikrophon vor sich, an einem Schreibtisch saß. Noch während er sprach, wurde ihm bewusst, dass er unwillkürlich wieder in Polizei-Jargon verfallen war. Er runzelte irritiert die Stirn. Warum hatte er nicht einfach «Wagen» gesagt wie jeder andere normale Mensch? Neulich hatte er sogar seine Mutter gebeten, ihr «Fahrzeug» in die Einfahrt zu stellen, weil er es für sie waschen wollte.

Der Sergeant gab Muirs Frage über Funk weiter. Als eine Stimme antwortete, lehnte er sich auf seinem Stuhl zurück und überließ alles Weitere dem Constable.

Der erklärte kurz die Situation und fügte hinzu, er schließe nicht aus, dass der Mann selbst den Jungen sexuell belästigt habe. «Der Kleine lebt mit seiner Familie am Zetland Place Nummer zehn», sagte er. «Sein Name ist Kenny MacRae. Seht doch bitte nach, ob mit ihm alles in Ordnung ist. Ihr könnt ja zur Erklärung sagen, uns lägen Informationen vor, dass sich ein unbekannter Mann in der Gegend herumtreibt, der Kindern Süßigkeiten anbietet, ihr wisst schon, was ich meine.»

Einige Minuten vergingen, dann meldete die Besatzung des Streifenwagens, dass Kenny Mac-

Rae zu Hause sei, und niemand habe ihm den Schädel eingeschlagen. Er sitze vielmehr in der Küche, und seine Mutter schneide ihm die Haare, was er offenbar nur sehr widerwillig über sich ergehen lasse.

Muir nickte dem Sergeant zu und wandte sich zur Tür.

«Wäre vielleicht ganz gut, sich von diesem Lockhart die Adresse geben zu lassen», bemerkte der. «Man kann nie wissen, ob man sie nicht nochmal braucht.»

Muir ließ ein kurzes Knurren hören und ging den Flur entlang zurück zu seinem seltsamen Besucher. Was war das eigentlich für ein Ding, das er um den Hals trug, fragte er sich.

Andrew war, als der Constable eintrat, erwartungsvoll aufgestanden.

«Wir haben bei dem Jungen vorbeigeschaut, Sir», sagte Muir, «und es geht ihm gut. Aber wir werden ihn weiter im Auge behalten, vorsichtshalber.» Das war allerdings nur so dahingesagt. Tatsächlich hielt er es für viel wahrscheinlicher, dass sie Andrew Lockhart im Auge behalten würden.

«Ich bin Ihnen wirklich sehr dankbar», erklärte Andrew. «Mir ist bewusst, dass Sie hier sehr viel zu tun haben. Ein Verrückter, der behauptet, er hätte eine Vorahnung gehabt, dass ein Kind umgebracht würde, hat Ihnen bestimmt gerade noch gefehlt.» Er ging zur Tür. «Sie sind sehr geduldig gewesen. Ich weiß es zu würdigen, dass Sie mich nicht gleich wieder hinausgeworfen haben.»

«Das ist schon in Ordnung, Sir», erwiderte Muir, «das gehört alles zu unserem Dienst. Sie wären bestimmt überrascht, wenn ich Ihnen erzählen würde, wie unterschiedlich unsere Klientel ist. Wo wohnen Sie übrigens in Edinburgh – nur für den Fall, dass wir uns nochmal mit Ihnen in Verbindung setzen müssen?»

«Im *Caledonian*», antwortete Andrew. «Meine Frau nimmt hier zurzeit an einem Kongress teil. Sie ist Ärztin.» Er erwähnte absichtlich nicht, dass sie Psychiaterin war, weil er befürchtete, Muir könne womöglich annehmen, er sei einer ihrer Patienten. «Ich begleite sie nur. Allerdings ist es für mich auch eine Art Heimkehr. Ich bin nämlich hier geboren, müssen Sie wissen. Bis zu meinem zwölften Lebensjahr bin ich in Edinburgh zur Schule gegangen.»

«Also darauf wäre ich wirklich nicht gekommen, Sir. Sie haben nicht die Spur eines Akzents.»

Andrew zuckte verlegen die Schultern. «Kann ich hier irgendwo telefonieren? Ich möchte mir ein Taxi rufen», sagte er. «Ich fühle mich ziemlich erschöpft.»

Muir fragte sich, ob Lockhart vielleicht krank sei. Irgendeine Nervengeschichte möglicherweise. Nach allem, was er über Filmleute gelesen hatte, schienen sie ja häufig ziemlich angespannt und überreizt zu sein. Wenn Lockhart hier auf dem Präsidium oder auch nur in der Nähe einen Zusammenbruch erlitte, so würfe das ein schlechtes Licht auf die Polizei.

Muir sah auf die Uhr. «Hören Sie», sagte er, «ich habe jetzt Dienstschluss und könnte Sie in meinem Wagen mitnehmen. Ich wohne in Greenback, das *Caley* liegt sowieso auf meinem Weg.»

«Wenn Sie wirklich meinen, dass es keine besonderen Umstände macht.»

«Überhaupt keine Umstände», bekräftigte Muir.

Sie machten sich auf den Weg zum Parkplatz.

Als der Wagen gegenüber dem Hotel hielt, öffnete Andrew die Tür, stieg aus, beugte sich durch das halb geöffnete Wagenfenster und bedankte sich noch einmal dafür, dass der Constable ihn nicht gleich ausgelacht und wieder weggeschickt hatte.

«Versuchen Sie, an etwas anderes zu denken»,

riet Muir und sah Andrew nach, wie er die Straße überquerte und das Hotel betrat. «Irgendwie nicht ganz richtig im Kopf», murmelte er, während er die Handbremse löste.

Der Verkehr die Lothian Road hinunter und durch den Flaschenhals am Tollcross war zähflüssiger als sonst, und es dauerte weitere zwanzig Minuten, ehe Muir den kleinen Bungalow am Rande der Braid Hills erreicht hatte, in dem er mit seinen Eltern lebte. Muir war ein leidenschaftlicher Golfspieler und freute sich schon darauf, auf dem unglaublich abschüssigen, direkt an ihren Garten angrenzenden Platz vor dem Abendessen noch ein paar Löcher zu spielen. Doch dann erreichte ihn per Funk aus dem Präsidium eine Nachricht, die jede Hoffnung zunichte machte, dass er heute noch einen Golfschläger in die Hand nehmen könne.

Kenny MacRae war verschwunden. Eben war er noch zu Hause gewesen, seine Mutter hatte gerade das Mittagessen auf den Tisch bringen wollen, und nur einen Augenblick später war er plötzlich fort. Seitdem war fast eine Stunde vergangen, und es sah Kenny nicht ähnlich, sich eine Mahlzeit entgehen zu lassen. Seine Mutter hatte Angst, dass ihm etwas zugestoßen sein könnte, besonders weil sie erst kurz vorher von der Polizei erfahren hatte, dass man in der Gegend einen Unbekannten beobachtet hatte, der versuchte, Kinder anzusprechen.

Muir wendete und fuhr geradewegs zurück zum *Caledonian*. Sein ohnehin vorhandenes Misstrauen hatte neue Nahrung bekommen, und allmählich formte sich in seiner Vorstellung eine Theorie: Lockhart hatte einen Komplizen, vielleicht seine Frau. Er war bei der Polizei nur aufgetaucht, um sich ein Alibi zu verschaffen, während seine Frau inzwischen den Jungen fortlockte. Es war kein Problem, auf einem Kongress unbemerkt den Saal zu verlassen. Falls dieser Kongress überhaupt stattfand, falls sie überhaupt Medizinerin war. Es wäre schließlich nicht das erste Mal, dass sich eine Frau im Auftrag eines Pädophilenringes als Ärztin oder Sozialarbeiterin ausgab, um leichter an ein Kind heranzukommen. Und er hatte diesen Mistkerl in seinem Wagen mitgenommen und sogar Mitgefühl für ihn empfunden. Muir trat aufs Gas.

Er rechnete eigentlich nicht damit, Andrew Lockhart im *Caledonian* zu finden, und machte sich Vorwürfe, dass er nicht mit ihm zusammen hineingegangen war, um zu sehen, wie er sich den

Zimmerschlüssel geben ließ. Ungeachtet der Einwände des Portiers stellte Muir seinen Wagen direkt am Eingang ab und rannte ins Hotel.

Kurz darauf musste er einsehen, dass seine schöne Theorie offenbar nicht zutraf. Die junge Frau am Empfang erklärte, dass Mr. und Mrs. Lockhart sich im Hotel aufhielten, und wählte auch sogleich die Nummer ihrer Suite im obersten Stockwerk.

«Der Junge ist tot», erklärte Andrew fest. «Ich weiß es. Ich kann es fühlen.» Er schüttelte verzweifelt den Kopf. «Ich kann es wirklich fühlen.»

«Du weißt nicht, was du da redest, Andrew», fuhr Helen heftig dazwischen.

«Aber es ist wahr! Wenn ich es dir doch sage», entgegnete er mit lauter Stimme.

Helen seufzte und wandte sich Detective Inspector Porteus zu, der die Suche nach Kenny MacRae leitete. Er und Muir saßen nebeneinander hinter einem Tisch in demselben Vernehmungszimmer im Präsidium, in dem Andrew vor nicht einmal zwei Stunden seine Geschichte erzählt hatte. Helen und ihr Mann hatten ihnen gegenüber Platz genommen.

«Ich bin Psychiaterin», erklärte sie, «und ich

glaube, dass mein Mann einen Nervenzusammenbruch hat. Dass der Junge gerade jetzt verschwunden ist, ist ein unglücklicher Zufall, nicht mehr, und ich protestiere entschieden gegen die Art und Weise, wie Sie uns hierher gebracht haben.»

Porteus wollte etwas sagen, doch Helen ließ ihn nicht zu Wort kommen.

«Nach dem, was mein Mann mir erzählt hat», sagte sie in scharfem Ton, «war er offenbar genau zu dem Zeitpunkt, als man den Jungen vermisste, mit Ihrem Constable hier zusammen.» Sie richtete ihren Blick auf Muir, dem deutlich anzusehen war, wie unbehaglich er sich fühlte. «Und ich selbst habe, wie ich bereits sagte, am Vormittag in der St. Andrew Church in der George Street vor über achtzig Kollegen einen Vortrag gehalten. Ihr eigener Gerichtspsychiater war übrigens unter den Zuhörern. Ich bestehe darauf, dass sie diese Angaben sofort nachprüfen oder aber uns auf der Stelle gehen lassen. Und Sie können sicher sein, dass ich auf jeden Fall den Chief Constable in Kenntnis setzen werde, wie hier mit uns verfahren wurde.»

«Wir haben weder Sie noch Ihren Mann irgendwie beschuldigt», stellte Porteus richtig. «Aber bitte versuchen Sie zu verstehen, wie die Sache sich aus unserer Sicht darstellt, Mrs. Lockhart. Ihr Mann sucht uns auf und erzählt uns, er hätte eine Vorahnung gehabt, dass ein Junge umgebracht wird. Und zwar nicht irgendein unbekannter Junge, nein, ein ganz bestimmter. Kenny MacRae. Und genau dieser Junge ist jetzt verschwunden.» Er zuckte mit den Schultern, so beredt wie seine Körperfülle und sein billiger Anzug das zuließen. «Sie müssen doch zugeben, dass das einen sehr eigenartigen Eindruck macht.»

«Sie wollen einen Zusammenhang konstruieren, obwohl die Hinweise darauf wirklich mehr als dürftig sind», bemerkte Helen mit einer Spur Herablassung. «Es ist wirklich erstaunlich, wie ernst Sie das Ganze nehmen. Ich dachte immer, die Schotten seien bekannt für ihren nüchternen, klaren Verstand. Vernebelter Verstand träfe es wohl besser.»

«Eine solche Bemerkung ist wirklich nicht angebracht, Mrs. Lockhart», entgegnete Porteus. «Ich bin ja mit Ihnen einer Meinung. Dass der Junge vermisst wird, ist vermutlich nur ein Zufall, und ich gehe davon aus, dass er gegen Abend wieder auftauchen wird. Das ist meistens so.»

«Und ich wiederhole, der Junge ist tot», ließ sich Andrew vernehmen.

Porteus lehnte sich auf seinem Stuhl zurück

und hob die Hände, als ob Andrews Worte bestätigten, was er eben gesagt hatte.

«Um Himmels willen, Andrew», sagte Helen, «findest du nicht, dass du mit deiner Vorstellung allmählich zu weit gehst? Ich werde dir jetzt etwas geben, das dir helfen wird, dich wieder zu beruhigen.»

Andrew schüttelte störrisch den Kopf. Seine Augen waren starr und blicklos, und als Helen ihn berührte, spürte sie, dass seine Haut eiskalt war. Sie griff nach seinem Handgelenk, um ihm den Puls zu fühlen, doch er zog die Hand mit einer heftigen Bewegung zurück und verschränkte die Arme vor der Brust, als stecke er in einer Zwangsjacke. Ein Ausdruck von Entsetzen legte sich auf sein Gesicht, als ob ihm gerade eine furchtbare, kaum erträgliche Wahrheit aufgegangen sei. Er erhob sich schwerfällig und ging ans Fenster. In seine Augen trat ein glasiger Blick, als nehme er intuitiv etwas wahr, das sich den normalen Sinnen entzog, etwas, von dem in diesem Augenblick noch keiner von ihnen etwas ahnte.

«Andrew», stieß sie mit erstickter Stimme hervor. Ihr war plötzlich bewusst, dass sie Angst vor ihm hatte. Als er dann zu sprechen begann, erkannte sie seine Stimme kaum wieder, es schien, als habe er unvermittelt zu dem alten schottischen Akzent seiner Kindheit zurückgefunden.

«Der Junge ist tot», begann er. «Ich glaube, wenn wir hinfahren würden, nach Trinity, dann könnte ich den Ort zeigen, wo er sich befindet.»

Detective Inspector Porteus warf Helen einen fragenden Blick zu. Er war genau wie sie der Ansicht, dass Lockhart alle Zeichen eines Nervenzusammenbruchs zeigte, doch darüber hinaus hatte er das unbestimmte Gefühl, dass es trotzdem sinnvoll sein könnte, auf seinen Vorschlag einzugehen. «Es kann ja nichts schaden, Madam», sagte er, «oder?»

«Nein, ich glaube nicht», antwortete Helen teilnahmslos. Sie hatte auf einmal große Angst, dass sie zu spät kamen, dass das Schreckliche schon längst passiert war.

Porteus wandte sich zu Muir. «Lassen Sie einen Streifenwagen zum Eingang kommen», sagte er und fuhr dann mit gesenkter Stimme fort: «Und geben Sie den Leuten von der Spurensicherung Bescheid. Vorsichtshalber – nur für den unwahrscheinlichen Fall, dass tatsächlich stimmen sollte, was Lockhart sagt.»

Die Fettes Avenue hinunter und dann die Ferry Road entlang war es nur eine kurze Fahrt. Helen blickte durch das Wagenfenster nach draußen auf die vielen Schulsportplätze, die einstöckigen weinroten Busse und die kleinen Häuser. Die Architektur dieser Häuser schien allein den Gesetzen der Vernunft zu gehorchen, jener zupackenden, nüchternen schottischen Vernunft, die schon einen Alexander Graham Bell, John Dunlop, James Watt, Alexander Fleming und John Logie Baird ausgezeichnet hatte. Was Andrew und ihr widerfuhr, schien so gar nicht in dieses von skeptischer Aufklärung geprägte Land zu passen.

Andrew ging durch das Tor des kleinen Parks und blickte sich um – nicht anders als sonst, wenn es darum ging, die geeignete Stelle zum Drehen zu finden, so kam es ihr vor. Porteus, Muir und zwei Beamte in Uniform hielten sich im Hintergrund. Sie schwiegen, als warteten sie auf einen Spruch des Orakels.

Der Ort sagte Andrew nichts, bis er den Motivsucher vor das Auge hielt. Da war ihm plötzlich, als blicke er durch einen unendlichen Tunnel in die Vergangenheit. «Hier entlang», sagte er und führte sie zu einer Lücke in dem Gebüsch, das den Park umgab. Er deutete auf den Boden und wies sie an, dort zu graben.

Für Muir war offenkundig, dass sie nur ihre

Zeit verschwendeten, aber er tat, wie ihm geheißen, und kehrte bald darauf mit ein paar Männern in Overalls zurück, die Spaten und Schaufeln trugen. Sie betrachteten den Boden ohne allzu viel Begeisterung und begannen dann mit ihrer Arbeit. Es war ihnen deutlich anzusehen, dass auch sie das Ganze für reine Zeitverschwendung hielten. Und die Beschaffenheit des Bodens schien ihnen Recht zu geben.

Sie hatten eine Tiefe von knapp einem halben Meter erreicht, als vom Eingang des Parks ein Ruf ertönte und ein Constable auf die Gruppe zugerannt kam.

«Sie haben ihn gefunden», begann er keuchend. «Kenny MacRae. Er ist wieder da, und es geht ihm gut. Er sagt, er wäre weggelaufen, weil er es nicht leiden kann, wenn seine Mutter ihm die Haare schneidet!»

«Gott sei Dank», sagte Helen aufatmend.

Detective Inspector Porteus nickte ihr lächelnd zu. «Also, Jungs», sagte er, «ihr habt gehört, was der Constable gesagt hat. Ihr könnt mit dem Graben aufhören.»

Sie hatten bereits aufgehört. Einer der Männer hatte sich gebückt und holte etwas Rundes, Kugelförmiges vom Boden der kleinen Grube. Einen

Moment glaubte Porteus, es handele sich um eine große Kartoffel, bis er begriff, dass es ein menschlicher Schädel war.

In Andrews Kopf löste sich die Dunkelheit auf, als er sich plötzlich wieder an das erinnerte, was sein Unbewusstes fünfundzwanzig Jahre vor ihm zu verbergen versucht hatte. Er fühlte aufs Neue das todbringende Zittern der Schaufel in seiner Hand, hörte noch einmal seine Lüge über den Schwimmausflug nach Newhaven Harbour. Er wusste jetzt wieder, was ihm damals zugestoßen war, Fergus Gilmore, seinem kindlichen Widersacher. Er erkannte, wie er erkannt war.

Wirklich lachhaft, wie er alles durcheinander gebracht hatte, dachte er bei sich. Helen würde fasziniert sein. Er hörte schon den Vortrag, den sie zweifellos jetzt über ihn abfassen würde.

MEIN EDINBURGH

Was Laura widerfuhr, war schlimm genug. Aber was mir zustieß, war noch unendlich viel schlimmer. Am liebsten wäre mir natürlich gewesen, man hätte die Sache diskret behandelt, aber die ungewöhnlichen Umstände des Falls führten zwangsläufig dazu, dass in allen Zeitungen groß darüber berichtet wurde. Genau das hatte Clive wohl auch vorgehabt. Ich bin mir sogar sicher, dass er ihnen überhaupt erst den Tipp gab, denn ganz ohne Frage wollte er nie mit seiner unaussprechlichen Tat davonkommen. Clive hat noch nie versucht, mit irgendetwas davonzukommen. Das entspricht ganz einfach nicht seiner Natur.

Wir kannten uns aus der Internatsschule in Edinburgh, einer jener riesigen gotischen Felsen schottischen Leidens, die in der ganzen Stadt verteilt sind, schwarz und zerklüftet, wie faule Zähne im übel riechenden Mund einer sehr vornehmen und sehr alten Tante. Bevor Clive und ich in die

Schlagzeilen kamen, waren die berühmtesten Abgänger der Schule James Bond und Tony Blair gewesen, zwei Charaktere – sexbesessen und selbstsüchtig der eine, der andere ein treuer Diener des Volkes mit einem Ego so groß wie Bass Rock –, die den unseren ganz ähnlich waren.

Sex hat mich schon immer sehr interessiert, vielleicht zu sehr. Aber was kann man von einem Schüler des Fettes College oder jedes anderen Internats in Edinburgh auch erwarten? Jeder kennt den alten Witz über Sex in Edinburgh, aber da ist auch etwas dran. Wer in den sechziger Jahren – und soweit ich weiß, ist das heute nicht anders – viel Sex haben wollte, musste der Stadt erst einmal den Rücken kehren. Ich bekenne an dieser Stelle mit dem größten Vergnügen, dass ich nach meinem Weggang aus Edinburgh eine Menge Sex hatte, ganze Berge von Sex, sackweise, tonnenweise Sex, riesige, schmutzige Sex-Ladungen, als handelte es sich dabei um Kohle. Aber in dem Museum der Unnatur, das Edinburgh in meiner Jugend verkörperte, gehörte Sex zu den Dingen, nach denen man lange suchen konnte.

Edinburgh ist eine alte, antiquierte Stadt, ein Gegenstand in Aspik oder, besser noch, ein Ausstellungsstück in einem verstaubten Glaskasten, das Modell einer Stadt, das sich mit einem Schalter aus Bakelit in Bewegung setzen lässt – in einer Ecke leuchtet dann ein apolitischer Konservativismus auf, in der anderen setzen sich ratternd ein paar uralte Glaubensbekenntnisse in Bewegung. Edinburgh liegt immer im Halbdunkel, die schmalen Straßen sind düster und abweisend, die Kirchen gut besucht und doch freudlos, und in sadistischen Internatsschulen machen sie aus uns einen ganz bestimmten Typ, der wir bleiben bis ans Ende unserer Tage. Jeder, der aus Edinburgh kommt und erfährt, dass man ebenfalls in den bitteren Genuss einer elitären schottisch-bürgerlichen Erziehung gekommen ist, wird sich sofort nach der Schule erkundigen, auf der man war. (Seit einiger Zeit lüge ich, einfach nur, um ihnen den Spaß zu verderben, sodass ich mittlerweile auf vielen Internaten war, von Merchiston Castle bis Stewarts Melville.)

Aus jeder Granitmauer, aus jedem speckigen Stein im Kopfsteinpflaster glüht ein verbissener Protestantismus, der das Fernsehen am Sonntag vermutlich noch immer für eine Sünde hält, ganz zu schweigen von den sexuellen Eskapaden, nach denen mir und meinen Schulkameraden, wandelnden Testosteron-Behältern, der Sinn stand.

Tatsächlich staune ich immer wieder darüber, dass Edinburghs Bürger es überhaupt fertig bringen, Kinder auf die Welt zu stellen. Dieser Stadt könnten jene beiden unsinnigsten Vorstellungen überhaupt, die unbefleckte Empfängnis und die jungfräuliche Geburt, entsprungen sein. Als Freud auf der Flucht vor den Nazis Wien verlassen musste, wäre er statt ins liberale London besser nach Edinburgh gezogen, wo ihm innerhalb von wenigen Wochen zweifellos so viele Fälle sexueller Hysterie und Verdrängung begegnet wären wie in seinem ganzen Berufsleben davor. Edinburgh lebt von sexueller Hysterie und Verdrängung.

In meinen eigenen blauen Hügeln der Erinnerung sehe ich weniger eine inhaltsleere Landschaft als ganze Hänge von moralischen und sexuellen Falschmeldungen, angesichts deren Freud sich vermutlich an seiner eigenen Zigarre verschluckt hätte. Zum Beispiel unternahm meine Mutter – mit ihrer distelförmigen Hutnadel und ihren viktorianischen Hüfthaltern so edinburghisch, wie man nur sein konnte –, als ich ein kleiner Junge war, einen sehr rudimentären Versuch, mich aufzuklären. Beim Geschlechtsverkehr, erfuhr ich von ihr (in Edinburgh wird weder «geliebt» noch «gebumst»), steckt der Mann seine Erektion in den

Hintern der Frau. Das sprach natürlich unbehagliche Bände über ihr eigenes Sexualleben. Bei anderer Gelegenheit verkündete mein Kunstlehrer (dessen Partytrick darin bestand, ein Sixpence-Stück mit seinem Lederriemen in die Tischplatte zu hämmern) vor der ganzen Klasse, dass ich garantiert am Galgen enden würde, nachdem er in meinem Skizzenblock seitenweise geschmackvolle und, wie ich finde, gar nicht so ungeschickte Zeichnungen von – dreimal dürfen Sie raten – nackten Frauen entdeckt hatte. Ähnlich aufgeschlossen zeigte sich mein Sonntagsschullehrer, als er mich bei der Lektüre eines Romans von D. H. Lawrence erwischte: Er sagte voraus, dass ich ziemlich sicher in der Hölle landen würde.

In Edinburgh, dem Museum der Unnatur, war und blieb es schwierig, Informationen über Sex zu beschaffen. Bienen und Blütenstaub waren Dinge, die man in den Royal Botanical Gardens zu sehen bekam, die Tatsachen des Lebens dagegen mussten aus passenden Lexikoneinträgen abgeleitet werden oder, noch besser, aus dem Programm des Jacey-Kinos in der Princess Street (das es leider nicht mehr gibt), wo ausschließlich Erwachsenenfilme gezeigt wurden und ich mein erstes Büschelchen Schamhaare erblickte. Umgekehrt war Edinburghs größtes Museum, in der Queen Street, so asexuell wie ein Dudelsack. Selbst bei den ausgestopften Tieren, die den Stolz der Ausstellung bildeten, waren zum Schutz des allgemeinen Schamgefühls die Geschlechtsorgane sorgfältig entfernt worden. Genitalien war ein Wort, mit dem die wenigen Edinburgher Juden (sie blieben in der Stadt von John Knox ein Exotikum) Andersgläubige bezeichneten. Im Museum der Unnatur wurde uns nie irgendetwas gesagt. Wir mussten alles selbst herausfinden. Und was wir nicht herausfanden, konnten wir immer noch erfinden, was natürlich das Unterhaltsamste überhaupt war. Nicht nur die Wissenschaft gründet auf dem Mythos. Aus der Fabrikation von Mythen entspringt, laut Freud, die Sexualpsychologie jedes Individuums.

In der Schule war ich ein großartiger Geschichtenerzähler, und meine besten Geschichten handelten natürlich fast alle von Sex. Hin und wieder brachte ich eine davon zu Papier und vermietete sie für zwei Penny die Nacht an Freunde, die sich mit ihrer Hilfe der Sünde Onans hingaben. Aber Schriftstücke waren gefährlich, sie konnten in die falschen Hände geraten und irgendeine Form körperlicher Züchtigung nach sich ziehen. Nach einer entsprechend schmerzhaften Begegnung mit Mr.

Durie, dem Perversling, der mein Heimleiter war – man musste sich tief vor ihm bücken, worauf er einem die Faust in den Anus rammte –, beschränkte ich mich ausschließlich auf die mündliche Überlieferung meiner Erzählungen, womit ich natürlich einer altehrwürdigen Tradition gälischer Literatur entsprach.

Eine dieser Geschichten – vielleicht wäre Mythos zutreffender, da ich für sie kein alleiniges Urheberrecht beanspruchen könnte – war eine angebliche Anekdote, die ich mit dem farbenfrohen Titel «Der Blaue Keks» versah.

Heute ist das Edinburgher Viertel Port of Leith schwer im Kommen, aber als ich ein Junge war, war es eine versiffte Gegend mit düsteren Wohnblocks und übel riechenden Pubs. (Machen wir uns nichts vor: Das ist auch heute nicht anders.) In einem ihrer versteckteren Winkel lungerte eine Kneipe, «Das Tiefe Blaue Meer», nach außen hin ein ganz gewöhnliches Etablissement, in dem man jene zerbackene Scholle und zu Tode frittierten Kabeljau essen konnte, die in Edinburgh bis heute als delikates Fischmenü gelten. Und damit kein Missverständnis aufkommt: Mehr gab es da nicht zu holen. Es war ein durch und durch ehrbares Lokal. Alles, was ich jetzt erzähle, ist nur eine Erfindung. Denn in meiner jugendlich schwellenden Phantasie verbarg sich hinter der harmlosen Fassade von «Das Tiefe Blaue Meer» ein Bordell – ein Bordell überdies, das ich natürlich aus eigener Anschauung kannte.

Im Fischangebot der Speisekarte, erzählte ich den anderen Jungs im Schlafsaal, fiel ein Gericht aus dem Rahmen. Es hieß «Blauer Keks», kostete unerhörte vierzig Pfund und musste im Voraus bezahlt werden. Daraufhin wurde man in ein Hinterzimmer geführt, wo nach kurzer Zeit ein ziemlich umwerfendes Mädchen, das gleichzeitig die ziemlich umwerfende Bedienung des Lokals war, gänzlich unbekleidet eintrat und einen dazu aufforderte, mit ihr Geschlechtsverkehr zu haben.

«Und hast du?», fragte, wie ich mich erinnere, aufgeregt Clive Sutherland. «Hast du Geschlechtsverkehr gehabt?»

«Aber sicher», log ich, ohne mit der Wimper zu zucken. «Ich werd doch nicht vierzig Mäuse abdrücken, ohne etwas dafür zu bekommen.»

«Woher hattest du vierzig Mäuse?», fragte Thomas, der zu den misstrauischeren Naturen im Schlafsaal gehörte. «Das ist eine ganze Menge Geld.»

«So viel kostet es eben», sagte ich. «Außerdem

hat das Schuljahr gerade erst angefangen, oder? Wir haben alle eine Menge Geld. Und gespart hatte ich auch.» Ich klappte wie zur Bestätigung meiner Geschichte meinen Geldbeutel auf und zeigte darin die vier Zehnpfundnoten, als wäre der Betrag nur die Hälfte dessen, was am Abend zuvor noch drin gewesen war. «Ich bin früher aus den Ferien wiedergekommen, und zwar einzig und allein, um den ‹Blauen Keks› zu genießen.»

«Willst du damit etwa sagen, du hattest achtzig Mäuse?», höhnte Thomas der Zweifler, der nach der Schule Bankkaufmann bei Robert Fleming werden sollte.

«Einer wie du, Thomas, hätte vielleicht vierzig Pfund gespart, um sich ein neues Fahrrad oder eine blöde Gitarre zu kaufen. Ich wollte eben Sex mit einer Frau haben.»

«Klingt korrekt», sagte Clive. «Jede Frau, die einen wie Rastus an sich ranlässt, würde dafür mindestens vierzig Pfund haben wollen.»

Mein Spitzname, Rastus, kam daher, weil ich sehr schnell braun wurde und demzufolge für einen Schotten eher dunkel war. Auch das spricht gegen das MdU, das Museum der Unnatur: Edinburgh ist enorm rassistisch und noch massiver homophob.

«Schwarze Männer wie du sollten überhaupt keinen Sex mit einer anständigen weißen Frau haben.»

Alle fanden das unglaublich komisch. Um die Wahrheit zu sagen, meinte Clive es nicht böse – keiner von ihnen meinte es böse, schließlich war ich ja nicht wirklich schwarz. Trotzdem ärgerte es mich, dass sie so taten, als wäre ich es.

«Zum einen war sie nicht gerade das, was man anständig nennt. Und zum anderen spielt deine verdammte Hautfarbe keine Rolle. Es kostet für alle vierzig Pfund. So steht's nämlich auf der Speisekarte, kapiert?»

«Und was geschah dann?»

Ich studierte Clives rotes, mit Sommersprossen übersätes Gesicht und erkannte, dass er den Köder samt Haken verschluckt hatte, und weil ich ihm die Bemerkung über schwarze Männer noch immer übel nahm, beschloss ich, ein wenig mit ihm zu spielen.

«Ich hab sie natürlich gebumst, du Trottel, was glaubst du denn. Allzu lange hat's nicht gedauert, das gebe ich zu. Ich bin schließlich noch nicht so lange dabei. Kommt alles mit der Erfahrung. In der Zeit, die wir hatten, war es genial. Was aber die Geschichte erst richtig spannend macht, ausreichend jedenfalls, um sie euch Idioten zu erzählen, war das, was danach geschah. Als ich nämlich meinen Schwanz aus ihrem Popo zog, war er ganz voller Blut, und ich dachte erst, ich hätte mich ernsthaft verletzt. Und nachdem die Nutte mir das Blut vom Schwanz abgewischt hatte, war ich mir sogar sicher, weil die Spitze aussah wie das Gesicht eines Erhängten, ganz aufgedunsen und blau.»

«Himmel», keuchte Clive, in dessen Vorstellung sich das Bild standhaft behaupten sollte, anders als seine spätere Manneskraft.

«Ihr müsst euch vorstellen, in ihrem Popo war es so eng», fuhr ich frohlockend fort, «dass mein Schwanz darin beinah zu Brei zerquetscht worden wäre. Sie hätte ihn beinah abgewürgt, ich schwöre es. Und deswegen heißt das Ganze ja auch ‹Blauer Keks›. Wenn du deinen Schwanz aus ihrem Popo rausziehst, ist er so platt wie ein beschissener Butterkeks. Nur ist er natürlich nicht gelb, sondern blau. Und schmeckt wahrscheinlich auch besser, würde ich vermuten.»

Und mit diesen Worten holte ich meinen Schwanz aus der Hose und zeigte wie einen unwiderlegbaren Beweis meiner Geschichte den leichten masturbatorischen Bluterguss an seinem Kopf. «Seht euch das an», forderte ich die Runde auf. «Vierundzwanzig Stunden ist es her, und der Scheißer sieht immer noch aus wie James Hanratty.»

«Teufel, es stimmt», sagte Thomas. «Aufgedunsen und blau, genau, wie er gesagt hat. Na ja, ein bisschen jedenfalls.»

«Himmel», sagte Clive wieder, dessen Gesicht jetzt weißer als ein Laken war – ich meine, immerhin waren es die sechziger Jahre. «Wenn es das ist, was beim Sex passiert, wenn es beim Geschlechtsverkehr um so was geht, dann werde ich garantiert nie eine Frau vögeln. Auf gar keinen Fall. Ein abgewürgter Schwanz? Kommt nicht in Frage.»

«Vergiss das Blut nicht», sagte ich.

«Woher kam überhaupt das Blut?», fragte ein Junge namens Scott.

«Von ihr natürlich. Frauen bluten immer wie die Schweine, wenn man ihn in sie reinstopft. Außer in den seltenen Fällen, bei denen es zur Peotomie kommt.»

«Peotomie?», rief Thomas aus. «Was zum Teufel soll das denn wieder sein?»

Ich war nicht mehr zu bremsen. «Die Amputation des Penis», erklärte ich überlegen und zitierte damit die Definition aus dem medizinischen Nachschlagewerk, das mir während der Schulferien zufällig in die Hände gefallen war. «Bei Professionellen passiert das weniger oft, aber vorkommen kann es auch. Helga – so heißt die Nutte in ‹Das Tiefe Blaue Meer› – sagt, sie hätte es bisher zweimal erlebt. Weiberpopos sind eben einfach so muskulös und stark, dass sie den Schwanz eines Mannes an der Wurzel abzwacken können. Sie sagte, bei manchen Männern sei es, wie wenn man den Schwanz eines Welpen kupieren würde.»

Dieses Detail hatte ich speziell für Clive eingebaut, weil ich wusste, dass er so zimperlich wie eine Edinburgher Diakonissin war.

«Helga. Was soll denn das für ein Name sein?», krittelte Thomas. «So heißt doch kein Edinburgher Mädchen.»

«Das war natürlich ihr Berufsname. Die ganzen Flittchen geben sich Namen, die besonders sexy klingen sollen. Bei einer Helga weiß man, was man kriegt. Der Name ist deutsch. Deutsche Bräute sind alle ganz wild darauf.»

«Na, meinetwegen.»

«Himmel. Ich glaube nicht, dass ich je mit einer Frau Sex haben werde», wiederholte Clive. «Nicht, wenn einem dabei so was passieren kann. Warum machen alle immer so ein Aufhebens darum? Versteh ich nicht.»

«Klingt wirklich ziemlich abscheulich», meinte Scott. «Da fühlt man sich beim Wichsen gleich viel besser.»

«Keine Sorge», sagte ich. «Es passiert nur Männern mit dünnen Schwänzen.» Dies natürlich im Wissen, dass Clives Schwanz eher auf der schmalen Seite war. «Jedenfalls hat das Helga gesagt. Und sie muss es schließlich wissen, bei all den Schwänzen, die sie schon gesehen hat.»

«Und wenn so ein Schwanz tatsächlich abbricht, was passiert dann damit?», wollte Scott wissen.

«Genau das hat mich auch interessiert. Ich meine, ein Leben ohne Schwanz ist doch kein Leben, oder? Da kann man genauso gut tot sein. Schlimmer als tot. Ein Mann ohne Schwanz kann sich gleich die Kugel geben. Also sagte ich: ‹Helga, was tust du mit so einem abgebrochenen Schwanz?› Und sie sagte, sobald sie ihn aus ihrem Popo rausgefummelt habe – was nicht immer ganz einfach sei –, wenn sie ihn also einmal raus habe, wisst ihr, was sie dann gesagt hat? Sie sagte, sie könne mit einem losen Schwanz eigentlich nichts anderes machen, als ihn an ihren Schäferhund zu verfüttern. Offenbar haben Hunde eine große Schwäche für ein Häppchen Schwanz.»

Und bei diesem letzten Detail fiel Clive in Ohnmacht.

Möglicherweise wird es Sie nicht sonderlich überraschen, dass aus mir ein Schriftsteller geworden ist. Ein ziemlich erfolgreicher sogar, wie das Leben so spielt. Umgekehrt hätten Sie vielleicht nicht erwartet, dass aus Clive ein Chirurg geworden ist. Allerdings produziert das MdU Hunderte davon. Chirurgie ist ein Feld, auf dem es die Stadt zu Ruhm und Ehren gebracht hat. Wenn ich lange genug dageblieben wäre, wäre ich wahrscheinlich selbst Arzt geworden. Es gibt keinen besseren Beruf für einen anständigen jungen Menschen aus Edinburgh. Mir kam er immer wie die perfekte Methode vor, um den Sextrieb radikal abzutöten. Heutzutage sind die meisten Ärzte so müde, dass sie nicht einmal mehr wissen, welches Geschlecht sie selbst haben, ganz zu schweigen von der Vorstellung, mit dem anderen einen Verkehr zu unterhalten.

Lange nachdem er Chirurg geworden war, heiratete Clive Laura. Er hatte dazu überhaupt kein Recht. Laura war viel zu gut für einen vertrockneten alten Knochen wie Clive Sutherland. Viel zu gut. Zu gut, zu schön, zu scharf auf Sex. Laura selbst deutete bei unserem ersten gemeinsamen Mittagessen an, dass ihre Lust auf Sex Clive möglicherweise überfordere. Sie hatte mich um ein Treffen gebeten, weil sie mit mir über einige Probleme in ihrer Ehe mit Clive sprechen wollte. Damals lebten die beiden noch in London, auf ihren Wunsch hin – Laura hasste das MdU beinah ebenso sehr wie ich. Clive arbeitete in einer teuren Privatklinik in Islington. Schon damals, bevor die ganze Bude Bankrott ging, fand ich es merkwürdig, dass jemand in dieses Viertel, eine Hochburg des New Labour, eine Privatklinik stellte.

«Bei Clive ist es so», erzählte sie mir, «dass er ihn nicht hochkriegt.»

«Willst du damit sagen, er ist impotent?»

«So sieht's ungefähr aus.»

«O Gott. Wie schrecklich für ihn. Der arme Clive.»

«Na ja, für mich ist das auch nicht nur komisch. Ich mag Sex. Sehr sogar. Ich brauche Sex, vielleicht zu sehr. Aber so ist es nun mal, wenn man überhaupt nichts abkriegt.»

«Kann ich gut verstehen. Schließlich bin ich deswegen aus Edinburgh weggegangen. Habt ihr das Problem erst seit kurzem, du und Clive?»

«Meine Güte, nein. Eigentlich haben wir es

überhaupt noch nie gemacht. Nicht mal in der Hochzeitsnacht. Seither habe ich alles versucht. Und damit meine ich wirklich alles. Die ganzen Nuttentricks. Nichts funktioniert.»

«Hat er irgendjemanden zu Rate gezogen? Einen Fachmann? Es gibt doch eine ganze Menge Institute, wo Männer mit so was hingehen können. Ganz abgesehen von Viagra.»

«Viagra, Viagra», höhnte Laura ungehalten. «An seinem Schwanz liegt es nicht. Bei ihm ist es der Kopf.»

«Ich glaube nicht, dass er schwul ist. In der Schule war er es jedenfalls nicht. Soweit ich mich erinnere, hat ihn damals die Vorstellung von Sex zwar angeekelt, aber später hatte er trotzdem Freundinnen. Mit einer davon habe ich selbst geschlafen. Lange danach. Sie hätte bestimmt etwas gesagt, wenn es in dem Bereich Probleme gegeben hätte.»

«Hör mal, Liebling», sagte sie und legte ihre langen, kühlen Finger auf meine Hand. Laura war eine professionelle Harfenistin aus Amerika. «Du hast nicht zufällig irgendeine Idee, was ich tun könnte? Bitte. Ich bin am Verzweifeln.»

Laura war ein wunderschönes Mädchen, viel jünger als Clive und ich – achtundzwanzig, er war vierundvierzig und ich dreiundvierzig. Er hatte kein Recht, sich mit jemandem wie Laura zu verheiraten. Er war viel zu edinburghisch für sie. Laura mit ihren kastanienbraunen Haaren, grauen Augen, groß, schlank, ewig lange Beine, war vielleicht das schönste Mädchen, das ich je gesehen hatte. Und natürlich hatte ich auch einen Vorschlag. Laura – die im Entziffern der Runen menschlicher Sexualität ebenso geschickt war wie ich – stimmte ihm sofort zu.

Damals, als ich noch im MdU zur Schule ging, war ich in Chemie nie besonders gut gewesen. Aber in Lauras Körper, und ganz besonders in ihrer Vagina, gab es irgendeine Chemikalie, nach der ich sehr schnell hoffnungslos süchtig wurde. Für manche Leute ist es das Fernsehen, für andere Heroin. Für mich war es Lauras Fotze. Noch heute könnte ich, wenn ich mich darauf konzentrieren würde, ihren Geruch auf meinem Gesicht und meinen Fingerspitzen heraufbeschwören, wie der Geschmack einer auserlesenen Cohiba-Zigarre. Sie gab sich mir rückhaltlos hin. In diesem Mädchen steckte nichts von der Marcia Blane School for Girls. Sie mochte es, wenn ich sie leckte, und um den Vorgang zu erleichtern und mein Vergnügen zu steigern, rasierte sie sich teilweise. Und dann gab es noch andere Dinge. Sie pisste mir auf die Hände, ließ mich sie in den Arsch ficken, onanierte für mich, benutzte einen Dildo, erlaubte sogar, dass ich sie rasierte. Aber vor allem liebte sie es, mich zu lutschen. Meine Erektion schien sie zu faszinieren und meine Ejakulation alles zu sein, was sie an Nahrung brauchte.

Zuerst war unsere Begierde rein körperlich – wenn eine Begierde wie die unsere überhaupt rein sein kann. Aber dann fingen wir an, uns neben dem Sex noch zu unterhalten, und innerhalb kürzester Zeit begann ich mehr und mehr für sie zu empfinden. Was heißt «mehr und mehr»? Ich verliebte mich Hals über Kopf in sie, eine wahnsinnige, verzweifelte – und hoffnungslose Liebe, denn aus irgendeinem Grund weigerte sie sich, Clive zu verlassen. Sie sagte, dass er sie brauchte und sie bräuchte ihn in gewisser Hinsicht ebenso. Es fiel ihr schwer, mir die Gründe dafür zu erklären, beinah so schwer wie mir, sie zu akzeptieren.

Als wir uns noch in meiner Wohnung in London trafen, war alles kein größeres Problem. Aber dann machte Clives Klinik Konkurs, er verlor einen Haufen Geld, und ihre reduzierten Umstände zwangen das Paar, ins Museum der Unnatur zurückzukehren, damit Clive eine Stelle als

Oberarzt in der Edinburgh Royal Infirmary annehmen konnte. Ich glaube nicht, dass Clive gemerkt hatte, was zwischen mir und seiner Frau lief, als sie noch in London lebten, aber als ich anfing, regelmäßig in Edinburgh aufzukreuzen, muss er den Braten gerochen haben. Er wusste natürlich, wie sehr ich die Stadt hasste. Mehr noch: Er verstand meinen Hass, weil er erkannte, was im Grunde dahinter lag: eine tiefe Selbstverachtung. In meinem Wesen gibt es einen Teil, der mit einer sturen und schrecklichen Beharrlichkeit schottisch bleibt. Am Akzent liegt es nicht – den hatte ich, sobald ich britischen Boden berührte, weniger verlernt als von den Schuhen abgestreift –, es ist eher mein Temperament, etwas unverbesserlich Schottisches in meinem Charakter, ein staubtrockenes, aggressives, gemeines, morbides und, trotz aller Bemühungen meinerseits, unverbesserlich gottesfürchtiges Element in mir. Ich war und würde nie etwas anderes sein als ein lumpiger Ausbrecher aus dem Museum der Unnatur, der die ganzen Eigenheiten und Exzentrizitäten Edinburghs für immer mit sich rumtrug.

«Was zum Teufel treibst du hier?», fragte er, als wir uns zum Mittagessen in dem Hotel trafen, wo ich wohnte – das Balmoral, das beste unter Edinburghs entsetzlich schlechter Auswahl an Hotels. «Du hasst doch Edinburgh. Ich hätte nie gedacht, dass ich dich hier wieder sehen würde.»

«Ich schreibe an einem Buch darüber, wie sehr ich diese Stadt hasse und warum. Wahrscheinlich versuche ich einfach, meine Gefühle zu verstehen. Du kennst mich doch, Clive. Andere Leute gehen zum Psychiater. Ich schreibe Bücher. Für mich ist Schreiben wie Therapie.»

Clive blickte sich in unserer opulenten Umgebung demonstrativ um – äußerlich zumindest macht das Balmoral keinen schlechten Eindruck – und sagte: «Wenn das hier Therapie ist, dann sollte ich sie vielleicht selbst mal versuchen.»

Ich zuckte mit den Schultern. «Es ist okay. Die Bedienung könnte etwas phantasievoller sein.»

Clive grunzte. Solche Fragen waren nicht seine Stärke, und ich sah ihm an, wie er versuchte, meine Vorstellung einer phantasievollen Bedienung nachzuvollziehen. Sollte der Kellner vielleicht einen Partyhut aufsetzen? Oder im Clownskostüm servieren? Das wäre immerhin erträglicher gewesen, überlegte ich mir, als das aufgesetzte Getue, das die meisten von ihnen an den Tag legten.

«Heute Nacht um drei hat einer dieser Idioten vor meinem Zimmer den Staubsauger laufen lassen. Als ich ihn deswegen zur Rede stellte, meinte er, Zitat: ‹Irgendwann müssen wir ja staubsaugen, oder? Wir haben gerade sehr viel zu tun.› Kannst du dir das vorstellen? Also sagte ich ihm, irgendwann müsse ich schlafen, und schickte ihn zum Teufel.»

«Du solltest bei uns wohnen», sagte Clive. «Platz haben wir genug.»

Was natürlich zutraf. Clives Haus in Inverleith war riesig. Wer einmal das MdU verlassen und in einer richtigen Stadt wie London oder New York gelebt hat, weiß erst, wie riesig die Häuser in Edinburgh tatsächlich sind. Und wie kalt. Die Leute sind vielleicht einfach zu geizig, um sie anständig zu beheizen.

Der Kellner kam, stellte uns zwei Steaks hin und meinte dazu gemütlich: «Bitte sehr, die Herren. Ihre schottischen Steaks. Das Gemüse kommt in wenigen Minuten nach.»

«Siehst du, was ich meine?», sagte ich zu Clive. Dann wandte ich mich an den Kellner: «Wollen Sie das ganze Essen in Raten servieren? Wo bleibt der Wein? Wo bleibt das Wasser? Soll das hier ein Fünf-Sterne-Hotel sein?»

«Im Moment haben wir wegen des Festivals sehr viel zu tun.»

«Die ganze Idee von fünf Sternen ist, dass Sie auch bei voller Belegung Ihren Standard halten können. Nicht nur dann, wenn Sie lediglich halb voll sind.»

Der Kellner verschwand nervös, mich innerlich zweifellos als britischen Wichser beschimpfend.

«Er tut doch sein Bestes», meinte Clive versöhnlich.

«Das ist es ja gerade. Sein Bestes reicht einfach nicht. Diese Leute haben keine Ahnung von Dienstleistung. Die ganze Stadt ist viel zu selbstzufrieden. War sie immer schon. Ohne diese beschissene Edinburgher Selbstzufriedenheit hätten wir hier längst irgendeine Art von Fortschritt erlebt. Manchmal denke ich, das ptolemäische Weltsystem ist in dieser Stadt erfunden worden. Nur kreist das Universum eigentlich nicht um die Erde, sondern um Edinburgh.»

«Du scheinst ja mit deinem Buch schon richtig in Fahrt zu sein. Kapitel eins: Hotels und Restaurants in Edinburgh. Wahrscheinlich braucht es einen Schotten, um das Kaledonische wirklich zu hassen, genau wie man immer behauptet, Juden seien die fanatischsten Antisemiten.» Clive sägte einen Bissen von seinem zäh gebratenen Steak. «Trotzdem wärst du bei uns sehr willkommen.

Wir haben immer ein Bett für dich, wenn du eins brauchst.»

Ich ärgerte mich über die Art, wie er das sagte. Ein Schotte bietet dir ein Bett an, als würde ihn ein ganzes Zimmer reuen. Erst jetzt merkte ich, wie viel von Edinburgh Clive noch immer in sich hatte, trotz seines zivilisierenden Aufenthalts in London. Er klang wie John Laurie in «Die 39 Stufen».

«Nein, danke, ich brauche meine Privatsphäre.» Und außerdem, hätte ich hinzufügen können, einen Ort, wo ich mit deiner wunderschönen Frau schlafen kann.

In den Wochen danach war ich oft in Edinburgh, und Laura und ich trafen uns in meiner Suite im Balmoral, um uns zu lieben. (Immerhin waren die Betten bequem.) Für mich war es schwer vorstellbar, wie jemand angesichts von Lauras herrlicher Nacktheit impotent bleiben konnte. Meist hatte ich schon nach wenigen Minuten, wenn ich mit ihr sprach, eine Erektion, selbst wenn es nur am Telefon war. Am Telefon hatten wir sogar oft den besten Oralsex. Zu Laura fand ich einen Kontakt, wie ich ihn mit keiner Frau zuvor je erlebt hatte. Einmal brachte ich sie innerhalb von neunzig Sekunden, nachdem sie durch die Tür meines Hotelzimmers getreten war, zum Höhepunkt. Das nenne ich einen echten Fünf-Sterne-Service! Unsere Kompatibilität schien zuweilen beinah die unumgängliche Folge ihrer offensichtlichen Inkompatibilität mit Clive zu sein.

Wieder bat ich sie, ihn zu verlassen, und wieder wies sie mich ab.

«Du glaubst zwar, dass du ihn kennst», erklärte sie mir. «Aber du irrst dich. Er kann sehr nachtragend sein.» Sie schwieg und blickte zur Seite. «Macht es dir denn gar nichts aus? Hast du keine Schuldgefühle?»

«Nein, mir macht es nichts aus. Ich kann mich nicht wegen etwas schuldig fühlen, worüber ich keine Kontrolle habe. Außerdem ist es mit dir immer zu gut, als dass ich mich deswegen schlecht fühlen könnte.»

«Ich bin von Schuldgefühlen zerfressen.»

«Das katholische Mädchen in dir.»

«Vielleicht. Ich kann nichts dafür.»

«Du musst dich damit auseinander setzen. Ist ohnehin Schwachsinn, das Ganze. Religion.»

«Er will dich zu einem Essen einladen.»

«Schon wieder? Ich esse ständig bei euch.»

«Nein, diesmal ist es was anderes. Die Ärztekammer gibt ein Dinner zu Ehren von Clive. Er hat gerade irgendeine Chirurgenmedaille verliehen bekommen. Er möchte dich als seinen Gast mitnehmen.»

«Eine Medaille? Typisch Edinburgh. Die Sache klingt abscheulich. Wahrscheinlich sind da lauter Leute, die ich noch von der Schule kenne. Wird mir bestimmt nicht gefallen.»

«Wenn er dich fragt, Liebling, könntest du zusagen, für mich?»

«Weshalb gehst du nicht hin?»

«Ich hab schon einmal an so etwas teilgenommen. Außerdem hast du in Clives Augen sehr viel Erfolg gehabt. Das ganze Geld. Er vergleicht sich immer ein wenig mit dir. Die Medaille bedeutet ihm nach dem Debakel mit der Klinik in Islington sehr viel. Ich glaube, er möchte, dass du siehst, wie viel er erreicht hat.»

«Dafür brauche ich doch nur dich anzuschauen, Liebste.»

«Ich rede von seinem Ansehen im Beruf.»

Als Clive mich zu dem Dinner einlud, riet mir mein Instinkt, abzusagen, irgendeine Ausrede zu erfinden; aber ihr zuliebe sagte ich zu. Für sie würde ich immer zusagen. Damals wusste ich natürlich nicht, dass das Treffen, bei dem sie mich um diese Zusage bat, das letzte Mal sein würde, wo ich sie lebend sah.

Das Dinner fand in Clives Club an der Queen Street statt, mit Blick auf – was sonst? – das Museum. In unserer heutigen politisch korrekten Zeit sind die ausgestopften Tiere entfernt worden – als ob es für die Tiere einen Unterschied machen würde –, und die einzige taxidermische Errungenschaft, die noch zu sehen ist, sind Edinburgher Bürger, die dorthin gehen, um sich Schottlands Beitrag zur Wissenschaft und Technologie in Erinnerung zu rufen. Um sich an ihrer schottischen Identität zu berauschen. Als Alternative zum Alkohol, warum nicht?

Es wurden viele Reden gehalten, die Clives grandiose Leistungen als Chirurg hervorhoben – Leistungen, die ich weder damals noch, wenn ich ehrlich bin, heute zu schätzen weiß –, und hätte ich nicht den Großteil des Dinners damit zugebracht, von Laura zu träumen (als Gedächtnisstütze hatte ich ihr gebrauchtes Höschen in der Tasche), dann hätte mich vielleicht sogar ein gewisser Stolz auf meinen alten Schulkameraden ergriffen. Als wir aufbrachen, war ich ziemlich angesäuselt. Clive bot an, mich zum Hotel zurückzufahren, wozu er in der Lage war, da er sehr wenig

Alkohol trinkt. Wir hatten uns gerade in seinen Wagen gesetzt, als sein Beeper losging, und ein kurzer Anruf im Krankenhaus ergab, dass er auf dem Rückweg zum Hotel noch bei einer Patientin vorbeischauen musste.

«Es macht dir doch nichts aus, oder?», fragte er. «Dauert nur ein paar Minuten.»

«Schon gut. Ich gehe das letzte Stück zu Fuß», sagte ich. «Ein bisschen den Kopf auslüften. Außerdem fühle ich mich in Krankenhäusern unwohl, alter Junge. Besonders, wenn sie in Edinburgh sind.»

«Verständlich. Schließlich warst du als kleiner Junge mehrere Wochen im Infirmary, nicht? Und danach zur Nachbehandlung im Astley Ainslie.»

«Das hässliche Ainslie. Werde ich nie vergessen.»

«Was hattest du gleich nochmal? Die Addinson'sche Krankheit?»

«Richtig.»

«Damals war mir der Zusammenhang natürlich nicht klar, in der Schule, meine ich. Aber daran lag es wohl, dass du immer so braun warst. Und dass wir dich Rastus nannten. Und dass du so ein geiler Bock warst.»

«Ist mir selbst nicht aufgefallen, muss ich sagen.» Ich unterhielt mich ungern mit Clive über meine sexuelle Promiskuität, aus nachvollziehbaren Gründen.

«Ach, komm», meinte er mit bedächtiger schottischer Geduld. «Das kann ich mir nicht vorstellen. Du warst doch vollkommen fixiert auf Weiberpopos. Bist es noch immer. Jedenfalls sagen das alle.»

Er parkte den Wagen vor dem Krankenhaus.

«Komm doch mit rein. Vielleicht entdeckst du bei der Gelegenheit ein paar verschüttete Erinnerungen für dein Buch. Schließlich wärst du hier drin fast gestorben, nicht? Das müsste doch ein paar Seiten hergeben. Ich bestehe darauf. Im Dienst der schottischen Literatur. Selbst wenn es die Art von schottischer Literatur ist, die Schottland feindlich gesinnt ist.»

«Schottische Literatur.» Ich verzog das Gesicht. «Was für eine entsetzliche Vorstellung. Die literarische Wildnis. Auf einem Schottenplaidtisch in Waterstone mit Morman MacCaig und John Prebble.» Aber noch während ich mich sträubte, war mir klar, dass ich ihm den Gefallen tun musste, um meine Deckung nicht zu gefährden. «Na gut. Dann nimm mich eben mit in dein Edinburgher Schlachthaus.»

Genau wie Clive vorausgesagt hatte, weckte das

Infirmary eine Menge unangenehmer Erinnerungen in mir, nicht zuletzt daran, wie ich bei meinem letzten Aufenthalt mit 41 Grad Fieber hier gelegen hatte. Kaum vorstellbar, wie man in einer Eistruhe wie Edinburgh, einer Stadt, in der Sommer nicht mehr als ein Wort im Schaufenster ist, so hohes Fieber haben kann.

Die Addinson'sche Krankheit ist eine oft tödlich verlaufende Dysfunktion der Nebennierenrinden, bei der das Immunsystem die Fähigkeit verliert, Infektionen abzuwehren. Eines ihrer Symptome ist tatsächlich, wie Clive gesagt hatte, die Braunfärbung belichteter Hautstellen. Aber im anderen Punkt hatte er sich geirrt. Nicht die Krankheit hatte meinen Sextrieb erhöht, sondern die Kortisonspritzen, die mir während ihrer Behandlung in einer der riesigen, irrenhausartigen Stationen des Krankenhauses verpasst worden waren.

Viel schien sich seit damals nicht verändert zu haben, und mir lief es kalt den Rücken hinunter, als ich Clive in sein Büro folgte. Er schien mein Unbehagen zu genießen und gluckste still in sich hinein, während er aus seiner Schreibtischschublade eine Flasche Malt Whisky holte und mir vorsichtig ein Glas einschenkte, als ginge es darum, ein Medikament abzumessen.

«Ja, ja, du warst immer schon ein geiler Bock, keine Frage. Immer schon. Und wirst es auch immer bleiben. Gegen seine Natur kann man nichts machen, nehme ich an, und für die Krankheiten, die man erwischt, kann man auch nichts. Wenn man es sich genau überlegt, bist du nichts weiter als ein Opfer.» Er reichte mir das Glas und zündete sich dann eine Zigarette an, die er nervös rauchte, als versuchte er, seine Nerven zu beruhigen. Eher im Nachsatz bot er mir die Zigarettenschachtel an. «Man kann nicht aus seiner Haut, was?»

«Solltest du dich nicht um deine Patientin kümmern?»

«Gleich, gleich», sagte er und verwandelte sich wieder in John Laurie. «Auf die paar Minuten kommt es nicht an. Außerdem ist sie Kassenpatientin. Die lassen wir immer warten, selbst wenn wir sonst nichts zu tun haben. Darum geht es eigentlich bei der Kasse, weißt du? So können wir unseren Bestand an Privatpatienten aufstocken.»

Diese Seite an Clive war mir ganz neu. Vor allem nach den vielen Lobeshymnen, mit denen er beim Dinner überschüttet worden war, von wegen selbstloser Aufopferung für seine Patienten und ähnlichem Schwachsinn.

«Was fehlt ihr denn?» Ich versuchte, das Gespräch in Gang zu halten, denn um die Wahrheit zu sagen, machte mich Clive plötzlich ziemlich nervös.

«Venenentzündung. Wahrscheinlich muss ich ihr morgen ein Bein abnehmen.»

«Himmel», sagte ich schwach und ließ mich auf einen seiner Sessel nieder. «Es gibt immer jemanden, dem es noch schlechter geht als einem selbst, nicht?» Ich wollte mir die Zigarette aus dem Mund nehmen und sah, dass sie bereits auf den Teppich gefallen war. Clive war dabei, sie aufzuheben, und legte sie ruhig in den Aschenbecher, der vor mir stand.

«Dir geht's gut», sagte Clive. «Aber bei mir liegt die Sache anders. Schlechte Durchblutung. Ein Befund, der in Edinburgh sehr verbreitet ist, was dich bestimmt freuen wird zu hören. Kommt wahrscheinlich vom weichen Wasser.»

«Ich finde, du siehst gut aus.»

«Der Schein trügt, glaub mir. Die Durchblutung zieht natürlich alles in Mitleidenschaft. Und damit meine ich wirklich alles. Es würde mir schwer fallen, meine Frau zu vögeln, selbst wenn ich es wollte. Zum Glück ist das kein Problem. Schließlich erledigst du das ja für mich, nicht?»

Mir war schwindlig, und ich leerte mein Glas in der Hoffnung, der Whisky würde mir die Energie verleihen, irgendetwas zu tun, wie zum Beispiel den Raum zu verlassen. Ich hatte keine große Lust, mich von Clive als Ehebrecher hinstellen zu lassen. «Wie zum Teufel kommst du auf so was?»

«Deine Telefonate. Eines davon hab ich mitgehört. Fühlte mich beinah in unsere Schulzeit zurückversetzt. Du warst schon immer ein guter Geschichtenerzähler. Ja, ich hab alles gehört, was du Laura zu eurem nächsten Treffen versprochen – und zweifellos auch gehalten hast. Hör mal, ich will damit nicht sagen, dass es allein deine Schuld war. Sie scheint doch sehr bereitwillig mitzumachen, nicht? Hat offenbar entschieden Geschmack an deinem Schwanz gefunden.»

Ich versuchte aufzustehen und stellte fest, dass ich es nicht konnte. «Ich fühl mich nicht so gut», gab ich zu.

«Gott, ich wollte, ich bekäme jedes Mal fünf Pfund, wenn ich den Satz in diesem Zimmer höre. Du befindest dich in einem Krankenhaus. Hier fühlt sich keiner gut. Weder du noch ich noch all die armen Schweine dort draußen auf den Stationen.»

Ich atmete tief durch und schloss die Augen. Als ich sie wieder öffnete, war Clive dabei, seine Smokingjacke auszuziehen und die Ärmel hochzukrempeln, beinah, als wollte er nun doch nach seiner Patientin sehen. Von irgendwoher hörte ich ein Knallen.

«Der Abschlussabend des Festivals», sagte Clive und wusch sich dabei die Hände im Waschbecken. «Das du wahrscheinlich ebenfalls nicht leiden kannst.»

«Stimmt genau», sagte ich und versuchte die tiefe Beunruhigung loszuwerden, die mich an denjenigen Stellen ergriffen hatte, die ich an mir noch spüren konnte. «Das heißt, bis auf die Stand-up-Nummern. Komiker mag ich eigentlich ganz gern.»

«Das nenne ich ein Glück. Ich hab nämlich selbst was von einem Komiker. Mit Stand-up kenne ich mich aus. Frag bloß die arme Sau, der ich morgen das Bein absägen werde. Vielleicht nehme ich ihr ja nur so zum Spaß das falsche Bein ab. Meine Güte, ja, ich hab einen erstaunlichen Sinn für Humor.»

Endlich schaffte ich es aufzustehen. «Ich geh mal nach Hause», sagte ich mit einer Stimme, die nicht meine war, sondern erschreckend schottisch, als hätte ich mich in eine rohere, primitivere Version meiner selbst zurückverwandelt.

Nirgendwo kommt die Dunkelheit so wie in Edinburgh. Wie eine Nebelbank rollt sie vom Firth of Forth bei Queensferry über die Stadt und verschlingt die Brücke, die dich mit dem Bewusstsein verbindet. Wie eine Dämonin setzt sie sich auf Arthur's Seat und schnappt nach den Seelen derer, die einst auserwählt waren. Sie nimmt dich bei der Hand und stellt dich zuoberst auf die Schwindel erregenden Waverly Steps, dann schubst sie dich ins Nichts hinab. Edinburgh und seine schwarz vermummte Spießgesellin überfallen dich wie einst Burke und Hare auf der Suche nach einem passenden Körperteil. Die viktorianische Dunkelheit dieser Stadt ist unerträglich greifbar. Tagsüber Jekyll, nachts Hyde, kein Ort auf der Welt kommt Edinburgh gleich, nicht einmal Venedig ist so abgrundtief morbide. Das Museum der Unnatur. Stülpt dir wie Deacon Brodie eine Kapuze über und stellt dich auf den Galgen, der das Leben ist, das du für dich geschaffen hast, und dann klappt die Falltür runter. Eine Sekunde lang versuchte ich mich zu halten, dann gab der Boden unter mir nach ...

... Der Edinburgher Polizist furzte laut und wedelte mit der *Edinburgh Evening News* über seinen Schoß. Dann erst bemerkte er, dass ich wach war.

«Glauben Sie, Sie könnten uns einige Fragen beantworten?», fragte er mit einem Akzent, der so breit war wie ein frittierter Schokoriegel. Wo kam er bloß her? Broomhouse? Sighthill? Irgendeine Betonaufhäufung, die mir längst entfallen war? Noch während er sprach, eilte eine Krankenschwester ins Zimmer, eine forsche Erscheinung wie aus der Fernsehshow *The White Heather Club* – energiegeladen, tüchtig, mit bequemem Schuhwerk und einer Miene, die zu besagen schien: Reißen Sie sich zusammen, damit jemand, der es wirklich braucht, Ihr Krankenhausbett haben kann. Sie blickte prüfend auf die Monitore und schnupperte dann misstrauisch.

«Es riecht ein wenig, nicht?», log der Polizist.

«Und wie geht es uns heute?», fragte die Schwester, die mit ihrem steifen Haar und noch steiferen Lächeln Moira Anderson unglaublich ähnlich sah.

«Was mache ich hier?», hörte ich mich krächzen.

«Der Herr Doktor wird Ihnen alles erklären», meinte sie.

«Clive? Wo ist er denn?»

«Doktor Myerscough ist für Sie zuständig.»

«Dr. Sutherland ist in Untersuchungshaft, Sir», sagte der Polizist. «Er hilft uns bei unseren Ermittlungen.»

«Was hat er getan?», fragte ich benommen. «Das Letzte, woran ich mich erinnere, ist, dass ich seinen Whisky trank.»

«Wir vermuten, dass er seine Frau umgebracht hat, Sir.»

«Laura? Nein.»

«Doch, Sir.»

«Um Gottes willen, wie denn?»

«Sie wurde erstickt, Sir.»

«Was für ein Idiot. Nein. Arme Laura.» Ich versuchte mich aufzusetzen, aber ein Schmerz in meinem Unterleib hinderte mich daran. «Himmel, ich komm mir vor, als hätte mich einer vergiftet.»

«Ihre Aussage würde uns enorm weiterhelfen, Sir. Doktor Sutherland hat ein umfassendes Geständnis abgelegt, aber für uns sind noch immer einige Fragen offen.»

«Dann wissen Sie vermutlich alles über mich und Laura. Dass wir eine Affäre hatten. Dass wir ineinander verliebt waren. Dürfte ich Sie daher bitten, Constable, mich kurz allein zu lassen? Das alles ist ein ziemlicher Schock für mich.»

Der Polizist und die Krankenschwester wirkten erleichtert, rausgehen zu dürfen, aber ich hatte kaum Zeit, mich zu fragen, was ich eigentlich in einem Krankenhausbett machte – hatte Clive versucht, mich zu vergiften? –, als ein Mann in einem weißen Kittel mit unbehaglichem Gesichtsausdruck zur Tür hereinkam.

«Nun», sagte er ernst. «Was genau hat man Ihnen erzählt?» Muschelgraue Augen spähten über halbrunde Brillengläser auf mich nieder, und er knurrte seine Frage mit einer Stimme, die so torfig klang wie Islay. Ein Andrew-Cruikshank-Typ, kein Eis, kein Wasser – der ideale Kurator für das Museum der Unnatur.

«Ich weiß, dass Laura – Mrs. Sutherland – tot ist. Aber ich verstehe nicht, warum ich hier bin. Wurde ich vergiftet? Bei den Kopfschmerzen und dem Drücken im Magen kommt es mir beinah so vor.»

«Die Kopfschmerzen sind ganz normal. Man hat Sie tatsächlich vergiftet. Alkohol, vermischt mit Ephedrin und in der Menge konsumiert, die Sie zu sich genommen haben, hat immer den Effekt einer Vergiftung. Ein K.o.-Drink sozusagen. Aber keine Angst, Sie werden nicht sterben. Wir haben Ihnen, so gut es ging, den Magen ausgepumpt.» Sein Gesicht, das aussah wie eine Petrischale – flach, mit erratisch wuchernden Kulturen kleiner, geplatzter violetter Venen –, verzog sich zu einer Art Lächeln.

«Ich kann noch immer nicht glauben, dass er sie umgebracht hat.»

«Da sitzen Sie mit halb Edinburgh in einem Boot. Dass der beste Chirurg der Stadt eine solche Tat wenige Stunden nach der Verleihung der Gunn-Russel-Medaille für Chirurgie begehen konnte, macht die Angelegenheit natürlich besonders tragisch. Drei Leben zerstört, ganz zu schweigen von dem Skandal, der nun über der städtischen Ärzteschaft schwebt – die Geschichte hat, fürchte ich, jenen morbiden Beigeschmack, auf den sich die Medien stürzen. Zweifellos hat ihn die Eifersucht kurzfristig um den Verstand gebracht. Damit will ich nicht sagen, dass an der Operation selbst irgendetwas nachlässig oder unsachkundig gewesen wäre. Vor allem, wenn man bedenkt, dass er sie ganz allein durchführte. Unter anderen Umständen hätten wir durchaus Anlass gesehen, sein Können zu würdigen.»

«Operation? Der Polizist sagte doch, Laura sei erstickt.»

«Und so ist es auch. So ist es auch. Hier, in diesem Krankenhaus.»

«Hier? Warum zum Teufel würde er es hier tun wollen?»

«Wo denn sonst? Wie ich schon sagte, die Operation an sich wurde äußerst sachkundig ausgeführt. Nichts, was man bei sich zu Hause riskieren möchte. Die Blutgefäße wurden alle sauber kauterisiert, Venen und Arterien fachgerecht abgebunden. Man sieht diese Operation nicht oft, zumindest nicht hierzulande. Ich glaube, Sutherland hat einmal erwähnt, dass er in Brasilien einem Fall beiwohnen konnte. Es gibt dort eine Spezies winziger Fische – die taxonomische Bezeichnung ist mir leider entfallen, aber die Geschichte stand in der Zeitung –, die bei urinierenden Männern den Urinstrahl hochschwimmt und sich dann mit Hilfe einiger sehr scharfer kleiner Stacheln in der Harnröhre einnistet und sich nicht mehr entfernen lässt. Natürlich entzündet sich irgendwann der ganze Bereich. Insofern hatten Sie großes Glück, dass Doktor Sutherland und nicht einer der anderen Schlächter, die wir hier haben, die Operation durchgeführt hat.»

«Ich?», fragte ich, noch immer etwas begriffsstutzig. Seien Sie nachsichtig! So lange war ich noch nicht wieder bei mir. «Ich dachte, Sie hätten gesagt – von was für einer Operation sprechen Sie überhaupt?»

«Peotomie. Die operative Entfernung des Penis. In Ihrem Fall ungefähr zwei Zentimeter vor der Wurzel. Er hat Ihnen einen netten kleinen Stumpf gelassen, mit dem Sie auch in Zukunft problemlos werden urinieren können.»

Ich tauchte unter die Bettlaken und sah, dass mein ganzer Unterleib in Gazestreifen und Verbandspflaster eingehüllt war. Der antiseptische Panzer ließ dennoch keinen Zweifel daran, dass mein Penis weg war. «Aber es muss doch möglich sein», wimmerte ich, «ihn wieder anzunähen? Wie bei diesem Bobbitt-Kerl in Amerika?»

«Zweifellos wäre das möglich gewesen, wenn wir das abgetrennte Glied rechtzeitig zu fassen gekriegt hätten und wenn die Gewebeschäden nicht so massiv gewesen wären. Was Sutherland natürlich durchaus bewusst war. Er hat Ihren Penis mit einem Hammer flach geklopft und ihn dann seiner Frau in den Mund gesteckt, bevor er sie mit Isolier-Tape knebelte. Sie ist an Ihrem Penis erstickt.»

Lauras Schicksal ging mir in diesem Moment nicht allzu nahe. Sie war tot. Ich dagegen musste weiterleben, ohne Penis. «Einen Stumpf? Mit dem ich urinieren kann?»

«Richtig. Sexuelle Handlungen sind damit ausgeschlossen. Natürlich werden Sie therapeutischen Beistand in Anspruch nehmen wollen, um das Trauma zu überwinden. Aber Sie dürfen nicht vergessen, dass alles viel schlimmer hätte ausgehen können. Sie hatten großes Glück, dass Ihnen die Geschichte hier in Edinburgh zustieß. Und dass ein Edinburgher Arzt die Operation durchgeführt hat. Hätte Sutherland seine Ausbildung nicht in unserer Stadt absolviert, dann glaube ich nicht, dass Sie jetzt noch am Leben wären. Überall sonst wären Sie höchstwahrscheinlich verblutet, mein Freund. Ihnen mag das jetzt nicht so vorkommen, aber mit der Zeit werden Sie bestimmt einsehen, dass Sie ein Riesenglück gehabt haben.»

«Durch den Spiegel ein dunkles Bild»
(«Through a Glass, Darkly»)
Copyright © 1999 by Philip Kerr
Deutsch von Fried Eickhoff
Die Erzählung wurde dem Band «Die schönen Seiten der Angst» entnommen.

«Mein Edinburgh» («An Edinburgh Tale»)
Copyright © 1999 by Philip Kerr
Deutsch von Brigitte Helbling
Die Erzählung wurde dem Band «Killing you softly» entnommen.

Taschenbücher für kleine Taschen

Roald Dahl, *Gelée Royale*
Elke Heidenreich, *Erika*
Peter Høeg, *Reise in ein dunkles Herz*
Petra Oelker, *Nebelmond*
Ernest Hemingway,
Die Hauptstadt der Welt
Rosamunde Pilcher, *Die weißen Vögel*
Kurt Tucholsky, *Rheinsberg*
Petra Hammesfahr, *Der Ausbruch*
Philip Kerr, *Durch den Spiegel
ein dunkles Bild*
Paul Auster, *Schlagschatten*

Rowohlt Taschenbuch Verlag

Taschenbücher für kleine Taschen

Martin Amis, *Handys satt!*
Margret Atwood, *Tips für die Wildnis*
Joseph Conrad, *Jugend.* Ein Bericht
Richard Ford, *Rock Springs*
Josef Haslinger, *Der Tod
des Kleinhäuslers Ignaz Hajek*
Christoph Ransmayr, *Die ersten Jahre
der Ewigkeit und andere Prosa*
Luis Sepúlveda, *Notizen einer Rückreise*
Jane Smiley, *Schön, dass du hier bist*
Virginia Woolf, *Die Dame im Spiegel*
Marion Zimmer Bradley,
Der fremde Zauber

Fischer Taschenbuch Verlag